# 媽祖婆靈聖

林美容 著

從傳說、名詞與
重要媽祖廟
認識台灣第一女神

# 目錄


作者序 010

第一章 媽祖的生平與軼事 013

漁村姑娘修成通玄靈女／降服千里眼與順風耳／媽祖信仰的緣起／媽祖的歷代封號／施琅攻台與台灣媽祖信仰／從海神轉為農業神／從「娘媽」晉升「聖母」／從「未婚」到「已婚」的轉化／女神流動如女子婚嫁／媽祖靈力的來源／林姓子孫與媽祖

＊古文獻找媽祖 016

第二章 媽祖顯聖故事 049

黑水溝行船上的媽祖／美軍轟炸時接砲彈／孩童起死回生／日軍侵台媽祖避難／分開溪水讓香客穿越／大道公風、媽祖婆雨／南屯媽祖是西屯廖家女兒／宜蘭昭應宮廟門改向出進士／彰化南瑤宮有鼓無鐘／火燒鄭秀才宅，水枝刣紅頂／援

救大地震／選搭舊船避颱風／登玉山渡化山精鬼魅／彰化媽祖的傳說
＊船仔媽／與媽祖相關的諺語　052／082

第三章　媽祖信仰的語詞解釋　085
公廟與私廟／角頭廟、庄廟、街廟、聯庄廟、大廟／神明會／會媽與會媽會／爐主與頭家／分靈、分身、分香、漂流／大媽、二媽、三媽／黑面、粉面、金面／南笨港，北干豆／進香與交香／謁祖與祭天香／參香、會香、會親／刈火與刈香／刈山香、刈水香、刈海香／過爐／過火／包香火／請媽祖（迓媽祖）／三月痟媽祖／搶香、頭香、貳香、叁香、贊香／貼香條／進香旗／起駕／起馬與下馬／行轎、停駕與駐駕／陣頭／報馬仔／頭旗、頭燈、三仙旗／莊儀團／執事隊／神轎（媽祖鑾轎）／搶轎／壓轎金／回鑾／遊境與遶境／紅壇／香燈腳／鑽轎腳（鑽轎底）／安符／巡香案／吃拜拜／問輦仔／扶鸞

**第四章 國家級・無形文化資產** 157
大甲媽祖遶境進香 160
＊民俗活動相關禁忌 168
北港朝天宮迓媽祖 170
＊犁炮炸轎 174
白沙屯媽祖進香 176
＊秋茂園換轎 183
雲林六房媽過爐 184
＊六房媽身世 189

**第五章 台灣著名媽祖廟** 193
01澎湖・天后宮 196
02基隆・慶安宮 199
03宜蘭・南方澳天后宮（南天宮） 201
04宜蘭・昭應宮 203
05台北・北投關渡宮 206
06台北・大稻埕慈聖宮 209
07台北・松山慈祐宮 211
＊十二婆姐 213

08台北·士林慈諴宮 214
09台北·台北天后宮（西門町天后宮） 216
10新北·淡水福佑宮 218
11新北·新莊慈祐宮 220
12桃園·新屋天后宮 222
*羅天大醮 224
13新竹·內天后宮 225
14新竹·長和宮 227
15苗栗·竹南龍鳳宮（后厝龍鳳宮） 229
16苗栗·白沙屯拱天宮 231
17苗栗·苑裡房裡順天宮 234
18苗栗·苑裡慈和宮 236
19苗栗·中港慈裕宮 238
20台中·旱溪樂成宮 240
21台中·大甲鎮瀾宮 242
22台中·梧棲浩天宮 245
23台中·南屯萬和宮 248
*字姓戲 250
24彰化·北斗奠安宮 251

25 彰化・南瑤宮 253
＊十八庄迎媽祖／旱溪媽祖吃尾頓 255／256
26 彰化・鹿港天后宮 257
27 彰化・鹿港新祖宮 260
28 彰化・鹿港興安宮 262
29 彰化・枋橋頭天門宮 264
30 南投・竹山連興宮 266
31 雲林・北港朝天宮 268
＊軟身媽祖 270
32 雲林・麥寮拱範宮 271
33 雲林・西螺福興宮 273
34 雲林・西螺廣福宮 275
35 雲林・土庫順天宮 277
36 嘉義・朴子配天宮 279
＊龍虎擔 282
37 嘉義・魍港太聖宮 283
38 嘉義・新港奉天宮 285
＊虎爺 288

39嘉義・新港溪北六興宮 289
40台南・大天后宮（全台祀典大天后宮） 291
＊月老 293
41台南・開基天后宮（小媽祖廟） 294
＊媽祖廟觀音殿 296
42台南・鹿耳門天后宮 297
＊媽祖船 300
43高雄・旗山天后宮 301
44高雄・燕巢角宿天后宮 304
45高雄・旗津天后宮 306
46高雄・楠梓天后宮 308
＊媽祖鞋 310
47屏東・內埔六堆天后宮 311
**附　錄**　台灣各港口媽祖廟 313
**參考資料** 318

# 作者序

乍看書名，讀者可能認為這是一本有關媽祖靈驗事蹟的書，本書第二章是有這樣的內容，但是全書的內容不僅如此，還包括媽祖的生平軼事，媽祖信仰相關詞彙的解釋，國家級媽祖無形文化資產的介紹，以及台灣各地著名媽祖的介紹。這是一本有關媽祖信仰的通俗書，用意在讓初初入門要瞭解媽祖信仰的人，有一個入手處。對我而言，這本書是用來表彰媽祖婆的，媽祖婆最厲害的是什麼？足靈感，真靈聖，書名只能用台語去讀才會真確。

作為一個學術工作者，本來無須為表彰媽祖來出書，但研究的過程當中，不知不覺竟跟媽祖婆產生了情感的連帶，這種連帶，不只是因為我們都姓林，都沒有結婚，更重要的是隨著媽祖婆的足跡，我也深深感受到台灣先民一路走來艱辛的足跡。而且楊佩穎小姐對於將我的學術研究作品通俗化，充滿高度的熱忱，繼《台灣鬼仔古》之後，這是我們再度協力的成果。

有關運用祭祀圈和信仰圈來理解媽祖信仰，或是媽祖信仰與台灣民俗曲藝發展的關係，或是如何從漢人社會的角度來理解媽祖信仰，以及諸多媽祖信仰之社會、文化與歷史意義的詮釋，在我的學術專著《媽祖信仰與台灣社會》已經有所呈現，但是對一般的讀者而言，可能一看到學術論著的書寫格式就頭大了，這本《媽祖婆靈聖》就是要敲開大家閱讀的視窗，在賞心悅目的閱讀當中，可以吸收許多可能抽象難解的學術概念。

文字的通俗化如果沒有佩穎小姐和她的編輯團隊，老實說我自己是沒法做到的。寫慣了學術文章，要寫通俗易懂的文字，並沒有那麼容易，雖然學者當中，我的學術篇章算是清楚明白好懂的了，但是學術畢竟是有學術的窠臼，這些窠臼應該在這本書裡都不見了。說到賞心悅目的閱讀，本書有一些風格別緻的插畫，這是編輯團隊不惜工本，找人設計，算是讀者的福氣了。再就是我的學生陳俊宏先生提供各地媽祖與媽祖廟的照片，讓本書圖文並茂，增色不少，特此感謝。感恩媽祖賜福，也祈祝媽祖光輝的德澤庇佑大家平安順適。

林美容

第一章／

# 媽祖的生平與軼事

媽祖是台灣最具人氣指數的第一女神！祂原是先民飄洋過海來到台灣時的海上守護神，又隨著人們從沿海漸往平原、內山拓墾，而逐漸發展出農業神的性格。當前，全台灣將近一千間媽祖廟所舉辦的各種各樣的活動，總能排滿一整年的行事曆，形成常民生活中不可或缺的「媽祖文化」。

媽祖信仰蓬勃發展，數百年來，已在華人世界累積了難以計數的虔誠信徒與鼎盛香火。究竟，媽祖是何許神也？

透過相關研究資料，我們得知媽祖信仰有兩個系統：一是在閩東松山的蜑民之間所流傳，與漁民的生活關係較為密切，祂是松山在地人，與湄洲馬氏成婚當天昇天成神，當地人稱之「馬祖婆」；另一個是比較「漢化」的閩南湄洲系統，也就是台灣民眾普遍熟知的媽祖傳說，強調祂在顯聖後如何獲得朝廷敕封，成為「全能神」。

以下，我們從林默娘由天妃到天后的地位提升，以及從海神到全能神的內涵，慢慢勾勒出媽祖在台灣人心目中的女神形象。

# 漁村姑娘修成通玄靈女

媽祖，姓林名默，祖籍福建省莆田縣湄洲嶼，生卒於北宋年間（約在西元九六〇至九八七年），得年二十八歲。

相傳，福建都巡官林愿（惟愨）與妻子王氏樂善好施，育有一子五女，卻思及只有一個男丁太過孤單，四十歲時祈求觀音菩薩再賜麟兒，以能光宗耀祖。某天夜裡，王氏夢見觀音菩薩，睡醒後，似有感應，果真懷有了身孕。隔年，農曆三月二十三日傍晚，西方天空出現一道紅光射入室內，滿室光輝，伴隨著異香氤氳，此時王氏順利產下一女。儘管對孩子的性別感到失望，身為父母，林愿夫婦仍百般疼愛著這個在神蹟下誕生的女娃。

從出生到滿月，女娃都沒有出聲啼哭，因此以「默」為名。默娘天資聰穎，從小誦唸佛經，八歲起跟隨私塾老師讀書，過目不忘；十歲時，喜歡淨几焚香、誦經禮佛；到了十三歲，有一位經常接受林家濟助的玄通道長，傳授她玄妙祕法。她潛心修習古書上記載的星相天文和醫藥卜筮，有所領悟。自此，每遇風暴將臨前，她都能及時提醒鄉親，減少海難的發生。

十六歲時，默娘與女伴們相偕出遊，經過一口水井，正當姑娘家對井照妝，井裡突然湧出滾滾泉水，水柱衝天。眾人驚嚇奔離，默娘卻鎮定地走向井邊，探究到底發生了什麼事情？忽見井中有一位神人捧著一對銅符，交與她後，隨即騰空消失。

獲得仙器後，默娘便能以神通變化，元神出竅，駕雲渡海，搭救無數的漁民與船隻。從此「通玄靈女」的尊稱不脛自走，民間因此流傳著默娘驅邪救世、化解危厄的種種神蹟故事。

關於媽祖，許多古籍中均有記載，對想進一步研究的人來說，有助檢索與爬梳。例如：南宋洪邁《夷堅志》，元朝王元恭《四明續志》，明朝張燮《東西洋考》，以及作者不詳的《三教源流搜神大全》，清朝資料更多，從魏禧《魏叔子文集》、張學禮《使流球記》、袁枚《子不語》和《子不語續集》、趙翼《陔餘叢考》、屈大均《廣東新語》、褚人穫《堅瓠七集》、張燾《津門雜記》到類書《古今圖書集成．神異典》等，甚至是《元史》和《大清會典》，都能找到相關史料，可謂源遠流長。

媽祖的傳說故事也是異彩紛呈，與媽祖信仰互為表裡。包括集結為文字的《順濟聖妃廟記》、《天妃顯聖錄》、《敕封天后志》、《昭應錄》、《天妃廟記》、《天妃娘媽傳》、《重修天妃顯聖錄》、《天妃靈驗記》、《天后聖母聖蹟圖志》、《天上聖母源流因果》，相關的經典有：《太上老君說天妃救苦靈驗經》、《天上聖母經》、《天后救苦真經》、《九霄天上聖母真經》、《湄洲慈濟經》等，以及各地媽祖廟所流傳的歷史沿革和軼事，有助於采風蒐集。

# 降服千里眼與順風耳

在眾多驅邪救世的故事中，尤以默娘降服千里眼與順風耳最為膾炙人口。

遠古時期，棋盤山上的「桃精」和「柳鬼」汲取了軒轅廟的靈氣，化身為人。兩兄弟中，綠眼的是桃精高明，擁有眼觀千里的本領，稱作「千里眼」；紅臉的是柳鬼高覺，具有耳聽八方的能耐，稱作「順風耳」。傳說中，在殷紂王與周武王作戰時，兩兄弟利用超凡異能助紂為虐，因此，輔佐武王的姜子牙以旗幡遮蔽千里眼的視線、以金鼓混淆順風耳的聽力，再用法術制伏他們。他們的魂魄遁逃至湄洲島西北方的桃花山，經過千年的修煉，重獲人形。

然而，他們依然四處作怪，擾得百姓不得安寧。桃花山居民聽聞湄洲神姑林默娘的事蹟，特地前往求助。於是，默娘與眾人在桃花山的古松下等候。到了午夜子時，狂風吹過山嶺，折斷了古松，隨即星月無光，陣陣寒風刺骨。默娘示意同行的人伏地閉目，她則手持銅符，靜觀變化。

不久後，千里眼與順風耳隨風而至。他們垂涎默娘的清秀模樣，對她調戲。眾人聽見默娘厲聲一斥，風雲變色，兩兄弟化為火輪連忙逃竄。默娘將手巾朝空中抖動，再喝一聲，他們手中的鋼鞭巨斧應聲掉落，跪地求饒。默娘加以訓誡：「往後再作惡，絕不饒恕！」湄洲一帶終於恢復了平靜。

豈知，兩兄弟不甘窩在桃花山上，兩年後又現故態，經常興風作浪，造成百姓寢食不安。消息傳到默娘，默娘運用神通調查兩兄弟的來歷，發現他們分別是北方水星與西方金星下凡，便前往桃花山下設壇，利用五行相剋，將一撮土幻化為山壓住千里眼、一把火蔓延為烈焰撲向順風耳。經過一陣逃脫與掙扎後，兩兄弟拜倒在默娘面前，請求皈依。

被默娘收為座下部將後，兩兄弟從此眼觀千里災難、耳聽四方哀告，追隨默娘修行，救濟苦難。

# 媽祖信仰的緣起

林默娘在西元九八七年農曆九月九日過世，用宗教的術語是說，得道昇天。鄉人們屢傳見到祂站在山岩水洞旁，或盤坐空中，或入夢顯聖，降福於民，因此為祂立祠奉祀。又因祂海上救難的事蹟為人所稱頌，神蹟顯赫，鄉人們進而建廟，號為「聖墩」，成為福建莆田人的重要信仰。另有一說，媽祖的肉身遺體埋於馬祖島，後人就地興建媽祖廟，成了「馬祖」地名的由來。

據載，在宋宣宗時，給事中路允迪奉命出使高麗，行船至東海時遭遇狂風，八舟中僅有一艘沒有翻覆，眾人急忙祝禱祈求庇護，終於風平浪靜，路允迪所乘之船得以倖存。船員告知，這是湄洲女神顯靈的結果。從高麗回朝後，路允迪上奏，皇帝賜「順濟」廟額，且在江口建立官廟。隨著官方褒封與民間傳布，媽祖逐漸成為中國東南沿海重要信仰的神祇，並擴及廣東、浙江、江蘇、山東各地。

至明朝中葉，從福建、廣東到台灣捕魚、墾荒和經商的民眾越來越多。在行前，人們通常會到家鄉或出發港口的媽祖廟，恭請媽祖神像登船，或是佩帶香火，祈求航海平安與事業亨通；而移民者則在新居地繼續供奉神像或香火袋。就這樣，媽祖信仰流傳至台灣，其神威也從單純的航海守護，拓展為庇佑地方開墾。

清朝的雍正、乾隆年間，海道航線有南北兩條主軸：北洋航線是江蘇崇明島繞經山東半島到天津，或從上海到關東；南洋航線則是從廣東到蘇州，或從福州經淡水到台北。道光以後，媽祖已經被視為整個東部沿海與外洋的海運保護神。媽祖信仰早已超越地域性，從福建的地方神祇性格，擴大到整個東部沿海和海外地區，且跟著移民遍布世界各地，凡是華人所到之處，都可以見到媽祖廟香火鼎盛的蹤跡。

# 媽祖的歷代封號

媽祖信仰日漸興盛，與歷代朝廷敕封、官方祀典、媽祖靈驗事蹟的傳播，以及海外華人的移民發展史等因素息息相關。其中朝廷的敕封與賜祭，更是提升了媽祖的位階。

自北宋徽宗到清朝同治之間的數百年，歷代皇帝基於政治需求，先後褒封媽祖，因此，媽祖的官方稱謂，從「夫人」、「妃」、「天妃」，直至「天后」；而封號更是多達數十字，成為中國歷史上褒封最多的唯一女神。

## ◆宋朝

自北宋徽宗宣和五年賜廟額「順濟」起，往後的一百四十年間，媽祖因為庇佑船隻、助禦海寇或清兵、旱禱解災等原因，而獲得朝廷將近二十次的敕封，祂的封號也從「崇福夫人」晉升至「靈惠顯濟嘉應善慶妃」。

| 西元 | 封號 |
| --- | --- |
| 一一二三 | 賜廟額「順濟」 |
| 一一五五 | 崇福夫人 |
| 一一五六 | 靈惠夫人 |
| 一一五七 | 加封「昭應」 |
| 一一六〇 | 加封「崇福」 |
| 一一六六 | 加封「崇善」 |
| 一一七三 | 靈慈昭應崇善福利夫人 |
| 一一七四 | 加封「善利」 |
| 一一九〇 | 靈惠妃 |
| 一一九〇 | 加封「助順」 |
| 一二〇五 | 加封「顯衛」 |
| 一二一七 | 加封「英烈」 |
| 一二三九 | 靈惠助順顯衛英烈嘉應妃 |

| 西元 | 封號 |
|---|---|
| 一二五三 | 加封「協正」 |
| 一二五四 | 靈惠助順嘉應英烈協正妃 |
| 一二五五 | 靈惠協正嘉應慈濟妃 |
| 一二五六 | 靈惠協正嘉應善慶妃 |
| 一二五九 | 顯濟妃 |
| 一二六二 | 靈惠顯濟嘉應善慶妃 |

※相關出處：丁伯桂《順濟聖妃廟記》、《天妃顯聖錄》、《敕封天后志》、程端學《靈濟廟記》、《昭應錄》

## ◆元朝

元朝以後，朝廷仰賴江南的漕糧（米、豆），徵收過程需重用水道轉運至京師，媽祖因庇護海道舟師漕運、怒濤拯溺有功，屢次受誥封，最後晉升為「護國輔聖庇民顯佑廣濟靈感助順福惠徽烈明著天妃」，封號達二十二字之多。

| 西元 | 封號 |
| --- | --- |
| 一二七八 | 護國明著靈惠協正善慶顯濟妃 |
| 一二八一 | 護國明著天妃 |
| 一二八九 | 加封「顯佑」 |
| 一二九九 | 護國庇民明著天妃 |
| 一二九九 | 加封「輔聖庇民」 |
| 一三一四 | 加封「廣濟」 |
| 一三二九 | 護國輔聖庇民顯佑廣濟靈感助順福惠徽烈明著天妃 |
| 一三五〇 | 封父「種德積慶侯」、封母「育聖顯慶夫人」 |

※相關出處：《元史・世祖紀》、程端學《靈濟廟記》、《昭應錄》、《元史・順帝紀》

## ◆明朝

開國之時，朝廷受到「北極真武玄天上帝」的庇蔭，因此封祂為守護神；相對地，媽祖僅受到兩次誥封，其餘為賜祭而已。

| 西元 | 封號 |
| --- | --- |
| 一三七二 | 昭孝純正孚濟感應聖妃 |
| 一四〇九 | 護國庇民妙靈昭應弘仁普濟天妃 |
| 一四三〇 | 遣太監、京官及府縣官員詣湄嶼致祭修整廟宇 |

※相關出處：《昭應錄》

## ◆清朝

清朝入主中原後，承襲明朝奉祀北極真武玄天上帝，但因為明鄭水師兵將為福建莆田籍的人數眾多，為拉攏民眾，而提倡媽祖信仰。清廷前後派遣朱天貴攻克廈門、施琅逼降台灣，事成後，歸功於媽祖，先敕封為「護國庇民妙靈昭應弘仁普濟天妃」，再晉升「天后」。後來更將媽祖正式列為朝廷祭典。清朝敕封媽祖二十次，最後累加為「護國庇民・妙靈昭應・弘仁普濟・福佑群生・誠感咸孚・顯神贊順・垂慈篤祜・安瀾利運・潭覃海宇・恬波宣惠・導流衍慶・靖洋錫祉・恩周德溥・衛漕保泰・振武綏疆，嘉佑天后」，因為封號字數實在太多，而訂定以此為限，永不再增加。

| 西元 | 封號 |
| --- | --- |
| 一六八〇 | 護國庇民妙靈昭應弘仁普濟天妃 |
| 一六八四 | 護國庇民昭靈顯應仁慈天后 |
| 一七二〇 | 列入朝廷祀典 |
| 一七三三 | 令各省建祠春秋致祭 |
| 一七三八 | 護國庇民妙靈昭應弘仁普濟福佑群生天后 |
| 一七五七 | 加封「誠感咸孚」 |
| 一七八八 | 加封「顯神贊順」 |
| 一八〇〇 | 加封「垂慈篤祜」 |
| 一八〇一 | 封父「衍澤積慶公」、封母「積慶公夫人」 |

| 西元 | 封號 |
| --- | --- |
| 一八四八 | 加封「恬波宣惠」 |
| 一八五二 | 加封「導流衍慶」 |
| 一八五三 | 加封「靖洋錫祉」 |
| 一八五五 | 加封「恩周德溥」 |
| 一八五五 | 加封「衛漕保泰」 |
| 一八五七 | 加封「振武綏疆」 |
| 一八六九 | 封左右二神為金將軍、柳將軍 |
| 一八七二 | 加封「嘉佑」，且以封號字數過多，核定永不增加 |
| 一八七五 | 加封「敷仁」 |

※相關出處：《大清會典》、《昭應錄》

# 施琅攻台與台灣媽祖信仰

媽祖信仰深入台灣百姓家，除了與移民橫渡黑水溝來台拓墾有關之外，還有一個關鍵角色——施琅。

施琅原是鄭芝龍、鄭成功父子的部將，因故遭株連家族而改降清廷，先後受命為清軍同安副將、同安總兵、福建水師提督，至一六八三年率軍進攻台灣。據聞，施琅原是玄天上帝信徒，因為以莆田平海作為基地，善用當地的民力民氣，改供奉媽祖，藉以提高軍民士氣。

據古籍記載，施琅第一次攻台時，海上無風，戰艦航行不利，只好回航。回航時，突然颳起狂風，艦上小艇落入海中；待風平浪靜後，施琅下令出海找尋，發現小艇竟安然停泊湄洲灣。艇上的人表示，落海時，隱約在洶湧巨浪中看到船頭有燈光指引，最後駛進了湄洲灣。眾人皆認為這是媽祖庇佑。施琅於是下令整修平海天后宮，並在船上奉祀媽祖神像。

另一則傳說，施琅率軍平台途中，抵達澎湖，軍隊準備從井中取水，居民表示此口井只夠一百人飲用，然而，施琅軍隊飲用時，井水卻源源不絕。直到他們祭拜媽祖時，發現祂的衣襟濕透，彷彿從水中出來似的，因而推想是媽祖顯靈相助，並將此井名為「萬軍井」。

施琅一六八三年攻台時，有人看見媽祖漂浮海上，也有人夢見媽祖預言：「二十一日必得澎湖，七月可得台灣。」果然成真。順利入台後，施琅聽聞康熙批評他「恃功驕縱」，他趕緊上奏，歸功於媽祖顯靈助戰，奏請皇帝冊封媽祖為「天后」。同時，為掃除鄭軍勢力，施琅捐官俸將台南寧靖王府改建為天妃宮（即現今的大天后宮），列入官祀。

繼施琅之後的官員，仿效「為神靈顯助破逆，請乞皇恩崇加封事」的作法，避免功高震主，同時又宣示媽祖顯靈協助清廷，以利統治。有了官方的扶持，媽祖信仰在台灣如日中天，各地紛紛興建媽祖廟，發展蓬勃。依據《鹿港天后宮志》，目前安奉在鹿港天后宮的黑面二媽，為當時施琅從湄洲帶來的，更為全世界所僅存（而中國兩尊開基媽皆毀於文化大革命）。

# 從海神轉為農業神

媽祖與海、與水、與雨的關係，其來有自。在明朝《三教搜神大全》中有一則傳說：媽祖生前有兄弟四人，在海島間往來做生意。有一天媽祖閉眼靜坐，卻好像沒了手腳一樣，父母怕她感染風疾，便叫醒了她。她卻悔恨地說：「為什麼不讓我保全弟兄無恙呢？」過不久，三個兄弟回來了，哭著說，三天前颱風大作，驚濤駭浪，兄弟各自坐不同的船，長兄坐的船卻沉沒水中。他們三人都說，見到一個女子牽著桅索而行，渡波濤好像走平地一樣。此時，眾人才曉得媽祖閉眼時是出元神去救人。

媽祖生前具有法力，能救助海難，保佑海上安全、商旅平安。得道成神後，更是法力無邊。就神性而言，一般人以為媽祖是航海神，因此需要出海捕魚的沿海地區漁民信奉較多、較虔誠；又因漢民族農業拓墾的需求，台灣媽祖早已發展出農業神和水利神的性格。因此，即使在多山的台灣，也不乏信奉媽祖的民眾。

漢民族的海上活動與海外移民，都靠媽祖的護佑，這也是為什麼漢民族所到之處，皆有媽祖廟的蹤跡。漢人基本上是農業民族，比起東南亞或世界上其他地區，台灣的漢民族更是經歷了長久的農業時代的生活方式，而農業需要水利，這也是媽祖在轉化為農業神時，依循著祂既有的對海水的控制能力，衍生為普遍對水的控制靈力，要雨、雨來，水害、去水，在農民心中有著極其重要的地位！

以現今發展來看，台灣的媽祖信仰是全世界的重鎮。多數媽祖廟的香火是先民當年攜來，少數自大陸祖廟分香，無論如何，大致上都符合飄洋過海的意象。

據我的觀察與分析，在高雄沿海或靠山的鄉鎮，其廟宇都有副祀媽祖的現象，靠山鄉鎮對媽祖的崇奉更盛，例如：大樹、杉林、甲仙、六龜等靠山或在山區的鄉鎮，副祀媽祖的情況，比靠海的茄萣、路竹、永安、彌陀、梓官等來得多。

這或許是因為先民在台灣拓墾以來，受到媽祖的庇佑，使得媽祖「台灣化」，從海神轉為雨水之神。人們相信媽祖的原型是龍女，出身海底龍宮，因此不怕海水，也有控制河水和雨水的靈力。例如，每年大甲媽進香所經之地往往會下雨，若在進香團到達前下雨，被視為洗淨道路；待進香團通過後才下雨，表示媽祖帶來甘霖。農作物生長仰賴雨水灌溉，因此務農鄉鎮都仰望大甲媽遶境，並暱稱祂為「雨水媽」或「過水媽」。

傳說「大道公風，媽祖婆雨」，信徒的經驗與認知皆謂，每逢媽祖神誕廟會，必然下雨。此外，若雨水太多造成災情，媽祖會「掃溪路」，也就是巡境或是迓媽祖時，神轎特別繞過去插香的地方，即可使氾濫之水沿著香路出庄，而不對村庄造成侵擾。這顯示出媽祖具有水利神的靈力。

我研究過台中新社的「九庄媽」，是一個典型的「內山媽」。九庄媽原是在山區破屋中落難的神像，被採樟的先民發現起祀。此地山區多雨，居民希望雨能夠少一點，因此傳說九庄媽遊庄時很少下雨，有的話也是綿綿細雨而已。

掃溪路、驅蟲害的靈驗，也是源自神靈本性對水控制的靈力。許多地方迓媽祖的活動，起源於媽祖驅趕蟲害的傳說。由此可見，媽祖的信仰兼有農業神的內涵，適應了台灣農業社會的需要。

# 從「娘媽」晉升「聖母」

黑臉、海神、具有靈力的女神，是台灣媽祖的顯著形象。研究媽祖信仰的學者對於祂是「女性神」或「母性神」曾有過爭論，而一般信徒多仰賴祂的慈悲護佑，因此往往以「慈」字命名媽祖廟，強調慈愛母性的特徵，例如：慈祐宮、慈裕宮、慈仙宮、慈后宮、慈雲宮等。

在民間，廣東地區稱呼媽祖為「天妃」或「天妃娘娘」，福建莆田一帶則稱之「娘媽」，但台灣幾乎沒有使用這樣的稱謂。根據台灣文獻史料上的記載，媽祖廟曾有天妃廟的稱謂，但現今已經不存在了，而且信徒也沒有稱「天妃」的習慣。台灣人在正式祭祀時尊稱媽祖為「天上聖母」，日常中則通稱為「媽祖婆」。

從稱呼上，我們可以看到媽祖的形象如何從「少女」轉為「聖母」。林默，生前稱為「默娘」，未婚而逝，死後成神被稱為「娘媽」，又娘又媽，隨著成神後的年齒增長，漸漸被稱為「媽祖」，又媽又祖。「媽」是對已婚女子的稱謂，台灣對女性成神也稱「媽」，如「觀音媽」；而閩人對於死後的先人，男性稱「公」、女性稱「媽」，所以有「祖公」、「祖媽」或「公媽」之稱。相較於註生娘娘或觀音媽，媽祖的神格從「媽」升「祖」，似乎更高一些，後來又稱之為「媽祖婆」，表示又更老一級。

台灣媽祖經過地方化之後，其稱呼往往冠以地方或庄社的名字，例如：北港媽、大甲媽、彰化媽、南屯媽等等；也有十八個庄共同奉祀的「十八庄媽」，或是六個房頭的族親奉祀的「六房媽」。無論如何，「媽」都是台灣人對媽祖最普遍的稱呼。

換句話說，台灣媽祖已跳脫了年少、粉嫩的少女，蛻變為成熟穩健的婦人形象，從「娘」到「媽」，從「媽」到「祖」，從「祖」到「婆」到「聖母」等，親屬般的稱謂賦予了祂慈愛的神格，發展出母性神的特徵。

# 從「未婚」到「已婚」的轉化

台灣有一類女神稱為「夫人媽」，或被稱為「某某夫人」，多數是生前已婚的女神，附屬在主祀男神的廟壇內受奉祀。此外，也有許多姑娘廟奉祀未婚無嗣的女子死靈。林默娘生前終究是未婚而亡，就這一點來說，與其他姑娘廟裡的陰神，恰有相似之處。

然而，媽祖生前就有功於世人，也立下孝慈的典範，且身懷救助海難的法力。因此後人是以「崇功報德」的感恩之心加以祭祀，而非起於懼鬼為祟的心理。況且我們也找不到媽祖以「姑娘」的身分被奉祀的相關事蹟。

未婚女性成神，特別是成為「正神」，造成了文化上的一大困局（paradox）。以媽祖為例，信徒稱媽祖進香為「返外家」，意指回娘家。但是，既然媽祖未婚，何來「外家」或娘家可言？

猶如神龕上的公媽牌，在漢人文化中，女子只有已婚為人婦、為人母，死後成為祖媽，才可以在夫家享有祭祀。這是女子享祀的原型，無論是成祖或成神皆然。因此，從「娘」到「媽」，從「媽」到「祖」，從「祖」到「婆」，從「婆」到「聖母」的稱謂，除了說明媽祖慈愛的形象之外，還具有從「未婚」轉化為「已婚」身分的語意。「返外家」不僅是言詞上的作用而已，更化為實際具體的儀式活動，媽祖堂而皇之出遊進香。未婚女子對漢文化所造成的緊張，恐怕只有媽祖這樣的女神所彰顯的神力，才能夠得到消解。

《清天后顯聖圖軸》

# 女神流動如女子婚嫁

台灣傳統社會以父系為中心，首重父權，傳宗接代靠男性，拜祖先也是依據父系原則；在這樣的社會中，女神信仰卻相對發達，尤以媽祖信仰為明證。

許多與媽祖相關的儀式、活動，都是請媽祖離開自己的轄境，到外地去，包括：進香、謁祖、過爐、請媽祖（迓媽祖）等，有村庄性的、聯庄性的、區域性的，都是將大家集合在媽祖麾下，從事村內或村際活動，因而形塑出媽祖流動的形象。而且，信徒常解釋媽祖「進香」是「返外家」，就像出嫁的女兒回娘家「作客」一樣。其實也反映出，媽祖與漢人女子具有相似的社會屬性。

媽祖在祭祀圈與信仰圈裡的流動，隱喻著女人的流動。女人從娘家嫁到夫家，從這庄嫁到那庄，而媽祖也一庄過一庄，構成了村庄聯盟（village alliance）。無論是六庄、九庄、十八庄、二十四庄、三十六庄、五十三庄、七十二庄，或像是我所研究的彰化媽祖信仰圈有三百五十幾庄，這些村庄聯盟共同擁有勢力扎實的媽祖信仰。

雖然在父系社會中，是由男性繼承正統地位，但女性生子卻有絕對的重要性；因此，媽祖除象徵漢人社會裡女性的流動，另一個重要意涵是祂代表了女性的生殖力、生產力，以及父系社會對女性重要性的承認。

我認為台灣媽祖是具有靈力的女神（magic deity），反映漢人社會對女人力量（power of women）的認知，也代表民俗宗教對有力女人（powerful lady）的塑造，因此媽祖是一種隱喻（metaphor）。漢人社會的女人，或是媽祖作為女神的流動，都可說是一種擴張，而擴張造就勢力。女性的力量因之不可忽視。

# 媽祖靈力的來源

差不多在我開始研究媽祖的時候，學界也陸續出版了有關台灣媽祖的研究專著，其中，美國人類學者 Steven Sangren 於一九八七年出版的《History and Magical Power in a Chinese Community》為最早，書名雖未用「媽祖」之詞，卻標舉出媽祖信仰特別顯著的靈驗神力。

靈力，在人類學是一個重要的課題，是指靈驗的能力。身為台灣的第一女神，媽祖的寺廟多、信眾多、儀式多，靈驗事蹟更多，在在彰顯出其所具有的靈力。

媽祖的靈力從何處來？首先，是與航海有關，祂能庇護先民海上航行時的平安；渡台之後，則與台灣社會的農業生活息息相關，無論需雨、求雨、退雨、驅蟲害，皆受到媽祖的靈驗感應。台灣人有香火的觀念，越有人拜越靈，越靈越有人拜，在人氣與香火之間相互支援。

在眾神之中，媽祖是祭祀圈與信仰圈最能夠擴大的神祇。從祭祀圈的概念來看，媽祖廟與其他公廟沒有什麼不同，但是媽祖和其他神明最大的差別，在於台灣鄉鎮性質的大廟中，以媽祖廟的數目為最多。以信仰圈的概念來看，能夠形成區域性信仰中心者，媽祖也是為數最多的。這也是媽祖信仰能夠興盛不衰的原因。

關於媽祖靈力的來源，眾說紛紜，簡單來說，包括以下：

## ◆巫女說

媽祖在世時就被認為有靈力，幫助漁民免於風浪威脅；死後更有護佑海上安全的靈驗事蹟。在南宋文獻中，《聖墩祖廟重建順濟廟記》提到：「世傳通天神女也。姓林氏，湄洲嶼人。初，以巫祝為事，能預知人禍福。」以及《仙溪志．三妃廟》載：「順濟廟，本湄洲林氏女。為巫，能知人禍福，歿而人祠之。」足見媽祖原始形象為巫女。或是《順濟聖妃廟記》：「少能言人禍福，歿稱通玄神女，或曰龍女也。」所謂的神女、龍女，指其具有神通，能預知未來吉凶，因此死後受人崇拜。

## ◆應化說

民間有個說法，認為媽祖是觀音化身，慈悲為懷，又有部將千里眼與順風耳，協助觀眾生疾苦、聽眾生聲音，位階因此等同於佛教的菩薩。而菩薩不僅回應人世間的人而已，凡是六道輪迴中的眾生，都是祂要普渡的對象。但是，媽祖特別對人有慈悲，包括：遇到海難時的救助、農耕時幫助作物生長、解困旱災和水災等，都是回應人們的祈求與願望。

## ◆兵馬說

很多神明都統率五營兵將，拓展靈力，維持秩序。媽祖則會收妖，因此有千里眼和順風耳當隨從，而祂們也有兵馬，通常將中營設在廟裡，四營駐在四個角落，協助媽祖的神威。我研究高雄媽祖廟時，發現那裡特別的習俗：在「刈香」時，神轎下去海裡，象徵將民俗裡的「歹物仔」收服，轉化成為神的兵馬。

### ◆正統說

漢民族對於「木有本、水有源」的觀念是很濃厚的，「正統」就是要取得信仰的正當性，因此，媽祖廟的歷史越悠久，所累積的香火就越多，並且能夠從進香的盛況，判斷出靈力的強弱。台灣的媽祖廟常有正統之爭，其實也都牽涉到各廟自我表述的建廟歷史長短，歷史長，正統性強，以正統性吸引信徒，信徒多，便能彰顯神明的靈力。台灣媽祖信仰還有一個現象，許多廟均稱自己供奉的媽祖是從湄洲分靈而來，而且以與湄洲媽祖之間的關係遠近，來決定靈力大小。

### ◆敕封說

自北宋起，歷朝皇帝因媽祖顯靈立功而加以敕封，累加下來，封號甚至超過百字。此外，朝廷還會立官廟。台灣各地在清朝時期有很多官廟，其中以媽祖廟為最大宗，比孔廟更多，過去名為「天后宮」基本上都是官廟。政治力量的確會對老百姓的信仰造成影響，有了官方祭祀，盛況不言可喻。

## ◆香火說

漢民族基本上是火的民族，除了有發明火的相關故事，用火熟食也是飲食的基本型態，祭祀祖先、神明時，要燒銀紙、金紙，因此而有「香火」文化觀念產生。香火不僅是父系繼嗣，也意指神明的奉祀得以綿延；父系繼嗣是血緣的，神明崇祀則是地緣的。

香火象徵神明的靈力，也代表信眾的多寡。因此，在祭祀行為裡，香火延續是極為重要的課題，必須代代相傳。

## ◆社群說

社群泛指一般的社區，同時也指涉某範圍內具有共同特徵的人群。台灣的媽祖信仰與地方性或區域性祭典組織有密切關係。地方性組織是具有角頭性、村庄性、聯庄性、鄉鎮性等性質的祭祀圈，代表該地方人群的共同信仰，層級不同，利益範圍和規模也不同；而區域性組織則超越地方社區以外，比較大範圍、跨鄉鎮。社群的祭祀行為代表區域人群的力量，祭祀或信仰的圈域越大則靈力越彰顯。

### ◆流動說

進香、謁祖、過爐、請媽祖（迓媽祖）等，都是媽祖離開轄境，到外地去，這些村內或村際活動形塑了媽祖的流動形象，隱喻漢人社會裡女人的流動，也代表媽祖靈力與勢力的流布。甚且，流動方式即是靈力的來源。

### ◆跨海說

與流動說相似，但主要是強調媽祖與華人的海外移民、遷移活動之相關。跨海一定要坐船，船上若習慣拜媽祖，媽祖就隨著跨海活動而擴展，登陸後，又隨著人跡在各個地點拓墾。從唐山過台灣、從中國到東南亞、從台灣去中國或中南美洲或世界各地，華人所到之處，就有媽祖的靈力和香火。

奉祀媽祖，象徵了社群、象徵父系社會的女性、集體的力量等，無論靈力來源是媽祖本身的力量，或是歷史的正當性，最多的動力來自於信眾的社會動能。

# 林姓子孫與媽祖

在眾多驅邪救台灣信眾對媽祖的稱謂，除了「天上聖母」或「媽祖婆」之外，還有「姑婆祖」。

每當漢民族移民到陌生地區，都會攜帶自己家鄉所奉祀的神明，作為精神寄託。多數先民渡海來台時，隨身的香火袋或小尊神像，台灣的神明普遍有過鹹水之海的意象，媽祖尤其如此。起初可能只是一家一姓的人所奉拜，是為族姓「私佛」或「祖佛」，後來庄頭建廟，成為村廟主神，則稱為「公佛」（村庄共同祭拜的神明）。

在台灣，將媽祖視為祖佛奉祀，以林姓為多。媽祖姓林，台灣各地林氏宗親視之為本家人，且暱稱為姑婆祖（祖姑婆），崇拜尤殷。在家廟、宗祠中配祀媽祖，供於左右偏位或廂房，藉以拉近與媽祖之間血緣同宗的親屬關係，遠比一般信徒更為親密，就像是高曾祖的姐妹一樣。

宜蘭有句俗諺說：「姓林的媽祖顧子孫。」就是指媽祖會特別照顧同姓子孫。至於，為何沒有將媽祖有奉祀在正殿尊位？是因為在輩分上，祂是林家女兒，而始祖，不應僭越祖宗。

因為如此，台灣部分廟宇的媽祖，就從林姓的「祖佛」變成「公佛」，以台中大甲鎮瀾宮為例，就是由早期進入大甲開發的林永興家族攜來，因為相當靈驗，漸漸變成大甲地區共同祭拜的神明。

而自稱為媽祖裔孫、族孫的林氏宗族，往往會組織大規模的神明會，輪流祭祀，例如：彰化與草屯地區的「中部二十四庄林祖姑天上聖母」、台北「正龍社天上聖母」，都是以林姓為主的媽祖會。

台灣「陳林半天下」，透過宗族力量的凝聚，媽祖香火不興也難！

# 第二章／媽祖顯聖故事

傳說故事來自於人與人之間的輾轉口述，口傳性質難免有不符史實之處，卻能反映某種社會文化的真實，也因為具有豐富的想像力，而讓世人津津樂道。

媽祖是台灣民間信仰的重要女神，數百年來，流傳了各種版本救苦救難的傳說故事，這些故事在無形中發揮了宗教勸人向善的功能，也間接強化民眾對媽祖的信賴。或許，我們身處的社會，無論生活條件如何進步，依然有著需要神明搭救的自然或人為災難，而媽祖顯聖神蹟恰恰滿足了人們「善有善報」的心理期待。

以下，我們將以歷史文獻、民間傳說和田野調查等素材，爬梳媽祖在台灣這片土地上發生的故事。

# 黑水溝行船上的媽祖

媽祖信仰深入民間，有關媽祖顯靈救難的神蹟也傳誦不息，特別是台灣早期交通以航運為主，需仰賴舟船運送物資貿易，漁民商旅橫渡黑水溝時，航路險惡，海上氣候多變，總得遭受狂風巨浪的威脅，危險重重，因而經常在船上供奉媽祖神像，稱為「船仔媽」，祈求海上平安。

清朝文學家、史學家趙翼的讀書筆記《陔餘叢考》中，有數則關於「天妃」的傳說，隨即又提到江蘇常州同鄉陸廣霖進士告訴他，往來台灣海峽時遇到的神蹟尤為顯著。當地人稱神為「媽祖」，若遭遇海難時，呼喚「媽祖」庇佑，神會不施脂粉、披髮而至，立刻救助；假使呼喚「天妃」，則需花時間盛裝打扮、穿著冠帔，才姍姍前來援救。

這則有趣的故事說明，在信徒的心目中，「媽祖」之稱，就像家中長輩一樣，既是基於一種親近性，而且遇到危急情事時，兩種稱謂的呼求效果也截然不同。所以，航行海上時，人們都稱「媽祖」，而不敢稱「天妃」。

## 船仔媽

船上供奉的媽祖神像，稱作「船仔媽」或「船頭媽」。當船隻順利抵台後，信徒會將船仔媽請至岸上媽祖廟，直到再度出航時，才請回船上。因顧及船上空間以及攜帶的便利性，船仔媽通常比較小尊，多數雕塑在一尺三吋以下。例如：彰化鹿港天后宮所保留的船仔媽只有八吋高。

此外，台灣也有些媽祖廟的香火緣起是從海上漂來的船仔媽而起祀的，例如：宜蘭頭城拱蘭宮主祀的媽祖，便是無人船隻漂流而來，居民將船上的媽祖請出奉祀在太子爺廟內，而後改為以媽祖為主神的媽祖廟。

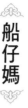

# 美軍轟炸時接砲彈

隨著先民移居台灣，落地生根，在各地興建媽祖廟，媽祖顯靈的故事也從海上延伸到了平原與內山。

第二次世界大戰時，仍屬日本殖民地的台灣，成了同盟軍的作戰範圍。美軍機動部隊出動兩千架戰機，盤旋高空，進行持續五天的空襲，全台灣各鄉鎮無能倖免。因此，各地的媽祖廟，例如：雲林北港朝天宮、嘉義朴子配天宮、屏東萬丹萬惠宮，以及遠到基隆去救援的彰化南瑤宮媽祖等，廣泛流傳著「媽祖接砲彈」的故事。

各版本的差異在於：媽祖是身體抱、雙手接或用裙襬擋砲彈；另外，也有在空襲前就向民眾示警，或是保護寺廟和地方的安全。

例如，屏東萬丹萬惠宮的媽祖在空戰期間，徒手接砲彈，因此拯救了無數鄉民，事後鄉民到廟裡拜拜，發現媽祖神像的雙手拇指都斷了一小截。信徒請示媽祖後得知是為「拿炸彈」才受傷，各地信眾聽聞都前來膜拜謝恩，而廟方也特地為此打造紀念碑，以示見證。

而彰化埤頭合興宮更以「炸彈媽」聞名。當年美軍以五百磅砲彈轟炸合興宮附近五分仔車的車站時，媽祖大顯神威，從空中接下此枚砲彈，讓它安全著地，使百姓躲過一劫。事後民眾發現媽祖神像右手食指斷裂、左腳鞋子掉落一邊，徵求媽祖同意後，才將手指修復原貌。另一個故事版本的後續是：當時駕駛戰機的美軍飛行員表示，他看見有一名女子佇立在雲端，腳踩三寸弓鞋，徒手接住砲彈。消息傳開，「台灣姑娘能接砲彈」因此轟動一時。

超過半個世紀後，有位農民在合興宮北方兩公里處的田地挖出砲彈，經過軍方鑑定此枚未爆彈沒有引爆疑慮，因此陳列宮內當作「鎮廟之寶」，宣揚媽祖接砲彈救眾生的神蹟。

屏東萬惠宮

# 孩童起死回生

身為女神，媽祖的各種靈驗和神蹟，都圍繞在母性慈愛的形象，因此，保護孩子的故事時有所聞，讓人動容。台中大甲鎮瀾宮、彰化南瑤宮、雲林北港朝天宮、嘉義新港奉天宮，都有媽祖顯靈讓兒童起死回生的傳說。

我在進行彰化南瑤宮的田野調查時，南瑤宮老二媽會總理林傳枝之子林銘沂，曾經提及：光復前，有一年老二媽會主辦往笨港進香。當時彰化大竹圍有一對夫妻，因為太太要去進香，但丈夫不讓她去，兩人發生爭吵時，他們有一個五歲的男孩忽然死了，太太將孩子屍體放在竹欉下，仍然隨著老二媽去進香，一個星期後，進香回來，發現孩子活生生地在門前玩耍。

坊間也有另一則傳說，有一個女信徒揹著孩子（兒子或孫子）一同進香，途中，孩子因為中暑而忽然暴斃，她於是將孩子的屍體暫放在廟後草寮（或樹林）裡，打算回程再處理後事。結果，進香回來時卻怎麼樣都找不到屍體。女人不得已只好趕回家中。豈知一進家門，竟然看見孩子在門口嬉戲。向孩子詢問事情的經過，孩子表示是一位阿姨帶他回家。

在這兩則傳說中，民眾都認為是媽祖慈悲顯靈，才讓孩子起死回生。

# 日軍侵台、媽祖避難

一八九五年，清廷因為甲午戰爭失利，與日本簽訂割讓台灣的《馬關條約》。相傳，在日軍登陸台灣之初，台北關渡宮有三棵榕樹突然枯死，當地居民視為不祥預兆，連忙避難。果然，日軍不久後占領關渡，燒毀民宅，而民眾則因媽祖預警，躲過這場災難，保全了性命。

此外，日軍剛占領時，以為關渡宮是衙門，便往廟裡潑灑煤油，焚燒神像。大火過後，民眾發現，廟裡除了媽祖神像的臉部被熏黑之外，並沒有其他東西被燒毀。也有人傳說，當時執行放火的日軍全數無故身亡。

其實，在日本殖民統治初期，軍民雙方以武裝相向，戰局混亂，各地都有廟宇遭日軍占用，民間信仰隨之遭受波及。例如：台南媽祖樓天后宮、善化慶安宮都曾被挪作警察署。

安平開台天后宮也因日軍在廟中殺害清兵與抗日分子，將屍首草草埋在廟後空地，造成民眾恐慌，屢屢傳出冤魂作祟。後來，日本人將廟宇所在地設為安平公學校，廟方遂將媽祖神像分祀其他廟宇，致使香火一度衰微。

# 分開溪水讓香客穿越

媽祖是出身海底龍宮的水神，自然不畏海水，更遑論河水、雨水。

彰化南瑤宮有一則傳說，很貼切地呈現出媽祖愛與雨水鬥玩的形象。經過歷史的發展，南瑤宮有十個媽祖會，過去每十二年一次進香，連續舉行三年，第一年是大媽會與四媽會主辦、第二年是二媽會與五媽會、第三年是三媽會與六媽會。信徒之間流傳著這樣的說法：「大媽四愛呷雞，二媽五愛冤家，三媽六愛潦溪。」因為每逢三媽年要進香，返回彰化時，濁水溪的水很大，必須涉水而過。意指媽祖不怕河流水深水急，甚至喜歡涉水走過。

另一則同是流傳於南瑤宮信徒的故事：一九六二年，聖四媽進香回程，駐駕雲林斗南，突然附身乩童，示意進香團提前起駕。信眾遵照媽祖的意思，提早出發，平安涉水渡過濁水溪後，天空瞬間烏雲密布，雷雨交加，溪水暴漲，因此信眾意會是媽祖顯靈。

此外，媽祖分開溪水讓香客穿越，也是信徒間經常流傳的神蹟。我在彰化採集田野資料時，林銘沂先生曾經提到：「老二媽進香，過濁水溪，神轎一放在濁水溪，溪水馬上就分開。」

除了彰化南瑤宮以外，台中大甲鎮瀾宮等，也都有相似的傳說。例如，有一年鎮瀾宮信眾前往北港進香，回程途中，進香團必須渡越濁水溪，當時適逢大雨，溪水暴漲，而西螺大橋尚未興建，正當信眾一籌莫展時，濁水溪忽然從中分為兩半，讓大家得以順利穿越。直到進香隊伍全數通過後，溪流又慢慢恢復合流。

## 大道公風、媽祖婆雨

先民在台灣拓墾以來，屢屢受到媽祖的庇佑，媽祖儼然台灣化，從海神轉為雨水之神。

大道公與媽祖婆鬥法的傳說，生動地描述了兩位神明的情史，成為民眾茶餘飯後的話題。與媽祖同為閩南人的大道公（保生大帝）吳夲是醫術高超的醫生，以「點龍眼、醫虎喉」聞名杏林，卻因為無法治癒自己頭上的疥瘡，所以頭戴七星冠遮羞。傳說，他們昇天後，仍在沿海一帶上空巡視，救助海難與瘟疫，經常相遇，互有好感。兩神論及婚嫁，於是大道公擇定吉日良辰，派花轎迎娶媽祖；但迎親途中，媽祖見母羊生產的情景與痛楚，決定不嫁。大道公聽聞消息後，惱羞成怒，找媽祖興師問罪，怎奈媽祖的道行高於自己，婚事只好作罷。到了信徒替媽祖盛妝祝壽的這天，耿耿於懷的大道公便施法下起一陣大雨，淋濕媽祖的華服、洗去祂臉上的鉛華，免得被他人覬覦女神的美；而媽祖則在隔年大道公生日（農曆三月十五日）出巡時，颳起大風，吹掉祂頭上的七星冠，使其癲痢示眾，讓漂亮女子對祂失去興趣。從此，演變成兩神互相鬥法的局面。

「大道公風，媽祖婆雨」之說頗盛，依信徒的經驗與認知皆謂，每逢媽祖神誕廟會（農曆三月二十三日），必然下雨。除此之外，媽祖掃溪路、驅蟲害的靈驗，其實也是源自神靈本性對水控制的靈力。

# 南屯媽祖是西屯廖家女兒

媽祖姓林，是台灣人普遍的認知，無論是否身為信徒，相關的傳說故事也早已深植於心，然而，卻不是每個人都知道台灣有「不是林默娘的媽祖」！祂，是台中南屯萬和宮的「老二媽」。

萬和宮的歷史可追溯到清康熙年間，歷經數次整建，數百年來香火鼎盛。其正殿奉祀先民當年從原鄉攜來的「老大媽」，以及嘉慶時的「老二媽」、光緒時的「聖二媽」、「聖三媽」，以及戰後的「聖老二媽」。歷史悠久的廟宇往往同一位神明有不同神像，這是台灣民間信仰的發展模式，當香火鼎盛後，廟方即雕刻神明的副駕。

為什麼萬和宮「老二媽」不姓林？相傳，萬和宮建廟以來，媽祖屢次顯靈，信徒越來越多。廟方為了方便信眾迎請祭拜，在一八〇三年時增刻老二媽神像。神像雕塑完成，準備舉行開光點眼的儀式。

此時，有個萬和宮販售「什細仔」（指針線女紅）的小販，在路上遇到家住西屯大魚池的廖姑娘，託他轉告她的雙親，說廖家門前的樹下埋有兩枚龍銀，請父母取之為用，不要悲傷難過。受人之託的小販雖然一頭霧水，仍親自前往廖家傳話。

廖家雙親覺得不對勁，趕忙進屋探視女兒，發現女兒已經斷氣了。他們趕忙轉往萬和宮，恰好看到已開光的老二媽神像有淚水從眼中流下，因此相信愛女已經羽化。

這則故事被視為老二媽的神蹟，從此南屯媽姐與西屯結下善緣，廖姓信眾則尊稱萬和宮老二媽為「老姑婆」，每三年迎請回西屯大魚池敬拜，就像是嫁出去的姑娘回娘家省親一樣。民間信仰不乏「人」成為「神」的傳說，而萬和宮老二媽的例子卻屬罕見，其中滿載了歷史與人情，成為當地傳承超過兩百年的習俗。

# 宜蘭昭應宮廟門改向出進士

儘管媽祖神性的變化，是從海神到農業神，再到全能神，但各地媽祖廟都是向海的，就像照護海上的燈塔。台灣僅有的例外，是宜蘭昭應宮。

昭應宮是台灣官建媽祖廟的代表。清嘉慶年間，曾多次擔任台灣知府與噶瑪蘭廳通判的楊廷理，奏請朝廷撥款，協助闢建媽祖廟；竣工後，賜廟額「敕建昭應宮」。當時的昭應宮與傳統媽祖廟一樣，坐西朝東，廟門面向大海。

到了道光十四年（一八三四），隨著蘭陽發展日益興盛，居民有意擴建昭應宮。相傳在改建之前，曾請專家研議，地理師提出廟宇朝東是主「物產豐富」，朝西則主「科甲聯登」，能夠改變當地文運。當時地方仕紳和信眾都贊同要「科甲聯登」，於是將原址拆除改建為戲台，在戲台對面建造新廟。

新廟格局從兩殿式擴建為三殿式，並且打破慣例，將方位轉為坐東朝西，廟門改成背海向山，成了台灣唯一面山的媽祖廟。直到同治七年（一八六八），楊士芳、李望洋等先後進士及第，傳為宜蘭的佳話。

# 彰化南瑤宮有鼓無鐘

全台各地的媽祖廟普遍都流傳關於風水地理之說。

例如，我過去從事彰化媽祖之信仰圈的研究，調查以南瑤宮媽祖為信仰中心的民間宗教組織與活動，田野調查過程中，常有受訪者主動提及關於彰化媽祖的傳說、故事、諺語等。

例如，台灣光復後曾管理南瑤宮廟務十年的唐瀛松先生，世居在廟旁，他就提到：南瑤宮主祀媽祖，一稱外媽祖，因廟宇在往昔彰化縣城之外，南瑤宮因得到「地理」，故香火旺盛，其地理名為「日月鐘」，除非太陽、月亮（或曰天地）都沒有了，才會「敗」，此廟有鼓無鐘，因為若用鐘，地理會敗。

還有一個民間說法是，農民電台張阿榮曾在節目上說的：「南瑤宮的地理是美人照鏡。」唐瀛松駁斥，表示這是因為清朝彰化知縣楊桂森奉旨到台灣看地理，閩南語的「眉一眉」，有人以為是要「敗一敗」。傳說，楊本縣看地理看到彰化時，媽祖在空中罩起濃霧，不讓他看，直到他向媽祖求情說只是要看一看，並不是要敗地理，雲霧才散。他一眼就看出是「日月鐘」的地理。

# 火燒鄭秀才宅，水枝刣紅頂

往昔田調時，世居南瑤宮旁的唐瀛松先生提供的故事，他說：清朝時，有一位鄭秀才在彰化南瑤宮前建置一宅，因為牌樓的簷角傷到媽祖廟，信眾不滿，竟有謠言說鄭秀才的屋宅將要被進香客的香火所燒。

那一年適逢進香時，媽祖在新港「捉生童」，指示信徒進香完畢回程時，必須等媽祖入廟後才能回家，否則會不平安。生童說完後，光腳踏過燃燒的金紙堆而毫髮無傷，當時屬二媽年，由老二媽、興二媽和老五媽會負責進香事宜，各總理頭人聞而信然。

進香回來時，信眾全部聚在廟前，久久不去。鄭秀才以為信徒真要來燒屋，急忙向縣官告狀。縣老爺派兵來保護鄭宅，開槍射擊，信眾以金紙回擲而引火，火勢越來越大，最後延燒到鄭秀才的屋宅。

當時擔任老五媽會總理的是阿罩霧（霧峰舊名）林獻堂的祖先，得「紅頂」者，他的職位比縣太爺「水枝」還大。但，經過此事件後，有人告紅頂侵占別人土地，紅頂遂被縣太爺所殺，因此有所謂「水枝刣紅頂」的故事流傳。（按：此為林文明被彰化知縣凌定國所殺的事件。）

# 援救大地震

台灣位處在地震帶上，每年發生各種規模的地震超過四萬次。台灣各地的媽祖，想必也聽見了信眾的祈願，在地震時，及時顯靈救援。

一九三五年四月二十一日清晨，台灣發生近代史上最嚴重的墩仔腳大地震（又稱關刀山大地震），光是台中后里就有超過一千人死於震災，海線地區屋舍崩塌毀損，災情慘重。相對之下，大甲地區受損較輕微，信眾都說是大甲媽祖顯靈阻擋。

我在採集彰化南瑤宮的田調資料時，唐瀛松表示：墩仔腳大地震時，彰化媽正要往笨港進香，離北港還有一里多的路，他照顧的香擔突然發火；三月十九日（指農曆）進香隊伍到新港，晚上香擔又發火，眾人覺得很訝異，於是擲筊問神，卻都「卜無杯」。結果，第二天就發生大地震。唐瀛松認為這不能說是「無影」（指不真實的事）。

另一個版本的說法是：發生地震時，南瑤宮信眾正往北港進香，有一個住在墩仔腳的人聽說發生災變，想趕快回家看看，向媽祖擲筊請示，同樣是「卜無杯」，同行的人告訴他，既然媽祖不應杯，表示家裡沒事。他還是放不下心，趕回家後，看到太太，但看不到兩個兒子。後來，搜索倒塌的房子時，發現兩個孩子躲在紅眠床下面，並未受傷。因此，更加相信媽祖有靈。據說，那年隨香的墩仔腳信徒也躲過一劫，家屬都平安無傷。

一九九九年九月二十一日的大地震，對讀者來說，應該不陌生。張珣在〈從媽祖的救難敘述看媽祖信仰的變遷〉中，據當時新聞報導轉述台中新社九庄媽的神蹟：庄民指稱地震後檢查廟中陳設時，發現神像前的蠟燭倒了，但是天公爐、媽祖、千里眼、順風耳等神像皆安然無恙，矗立不倒。

台中大甲鎮瀾宮廟方董事也表示，地震前，媽祖已經向許多信徒出籤，預警將有大災難發生。信眾彼此走告，約束生活，以免受到災難的懲罰。大地震後，大甲與其鄰近地區平安無事，信眾歸功於媽祖靈驗所致。

# 選搭舊船避颱風

據傳，某年北港媽回湄洲謁祖，廟方在啟航前擲筊請示搭乘的船隻，媽祖示意不搭新船而選擇舊船，當時信徒不解其意。進香回程時，恰巧遭遇颱風，新船因船速較快而翻覆，而北港媽神像所乘的舊船，速度雖緩慢，反而安然無恙。待其返航後，發現船底被巨浪衝破一個洞，洞口剛好被一袋米堵住，海水因此沒有滲入，使船隻免於沉沒。

# 登玉山渡化山精鬼魅

雲林麥寮拱範宮二〇〇七年寫下登玉山的記錄，掀起全台媽祖的攻頂風潮。例如：台中梧棲浩天宮也自二〇一六年起，每年讓擲出三個聖筊的信徒隨媽祖攻頂；而二〇一八年，雲林西螺福興宮與虎尾福安宮，經過密集訓練，先後完成了媽祖登玉山祈福的壯舉，祈求風調雨順、國泰民安。

根據信徒表示，媽祖登玉山，總伴隨神蹟而來，例如：高山上，原是風雨交加的天氣，突然放晴，出現雨後彩虹；成功登頂時，主峰石碑附近飛出成千上萬隻的蚊蟲。信眾相信這是媽祖在渡化山精鬼魅的現象。

# 彰化媽祖的傳說

從顯聖故事發生的人、事、地來看，媽祖的形象已然「在地化」，此外，我在進行彰化媽祖信仰圈研究時，也在採集田野資料時，接觸了一些與媽祖有關的傳說或諺語。這些資料雖然是得之於偶然，而且多為零星片段，卻也能如實反映出媽祖信仰對常民生活的影響。以下資料是根據田野筆記稍加整理：

## ◆彰化媽與笨港媽

彰化媽依舊例前往笨港祖廟刈香，笨港祖廟後因水災流失。有一次，彰化媽捉「生童」，謂彰化媽要下笨港，但笨港已無廟，大家商量結果，雖無祖家，尚有姊妹，故往北港朝天宮及新港奉天宮進香，但起程之前香擔一定在南瑤宮先行起火，故實際上不是刈香，因為沒有掬火。（唐瀛松提供）

## ◆笨港媽到哪裡去了？

笨港媽祖廟據新港方面說是在嘉慶元年（一七九六）流失，廟內原有三尊媽祖，被暫厝於麻油園（此據北港方面講），唐瀛松二十幾歲時還看到殘留的一片廟壁（笨港舊稱南港），後來新港建廟分到大媽，北港建廟分到二媽，溪北建廟分到三媽，新港建廟約當嘉慶中期，比南瑤宮晚了三十幾年，北港建廟更晚，比南瑤宮晚六、七十年。故有些南瑤宮信徒說，新港與北港媽祖廟都比南瑤宮晚，何必去進香，其實他們不知道，這不是進香（參閱上述南瑤宮自己「起火」的緣由）。現在溪北六興宮稱其媽祖是正三媽，故現在有些南瑤宮信徒在說要刈香應該去溪北。（唐瀛松提供）

## ◆敷底廟老大媽黑面的原由

日治時代南瑤宮改築後，建中殿時，鄰近臭水庄（即今秀水）要建醮，請鹿港媽祖及南瑤宮老大媽（應是橋仔頭內庄的）去監醮，用甘蔗葉搭醮壇，晚上因香多著火，鹿港媽祖被燒掉了，彰化媽祖只有臉被燒黑，臭水庄遂造兩尊新的媽祖金身要賠。敷底廟董事外號「矮仔乞食」，聽到後，要回黑面的媽祖，

加以修整後，供奉在敷底廟，故敷底廟老大媽為黑面。（唐瀛松提供）

## ◆彰化媽與大甲媽

南瑤宮的舊例，若有外地來進香者，進香完畢即關廟門，據聞以前清朝時代彰化以北的媽祖廟皆來此進香。大甲媽祖廟自不例外，有一次大甲媽來南瑤宮進香，出廟後，想起還有東西遺忘在廟內，欲回來拿，但廟門已關，廟方堅持不肯開門，彼此發生爭執，故此後大甲媽即不來南瑤宮進香，而改到北港進香。（唐瀛松提供）

## ◆番社彰山宮五府千歲接頭香

番社彰山宮主祀五府千歲（俗稱王爺），另祀福德正神，是附近街路拓寬，土地公廟拆除後移來的，亦祀六將尊神。

所謂接（音同「祭」讀為「tsè」）頭香，是彰化媽往笨港進香途中，與彰山宮兩廟交香後，要出來時在廟門前舉行之儀式，當時彰化媽之香擔擔著，旁有人敲鑼鼓，有人用黑傘遮著香擔，另兩人執龍虎旗交叉著擋在香擔之前，龍虎旗猛一掀開，王爺陣頭上前一迎，是為接頭香。

南瑤宮三媽去年（即聖三媽會、新三媽會與老大媽會前往笨港進香之年）進香時，才由番社王爺去接頭香，一定要由彰山宮去，這是有原由的。一、傳說王爺是媽祖的弟弟，因為「船仔婆姐」先於王爺受皇帝敕封。二、因為南瑤宮的地理是彰山宮三爺的童乩「牽」的，以前彰山宮的乩童很「奮發」，每次接頭香，都要用兩頂神轎、獅陣、大鼓陣、曲館、六將爺、小神童、土地公等陣頭出去，每次接頭香都要花三、四十萬元，番社人重面子，不惜花錢，陣頭都很多。

接頭香最重要是可以拿回一對黑紗燈，拿回廟裡，吊在神案下，虎爺香位那裡，可使庄情平安。

接頭香要掀龍虎旗，龍虎旗是不能隨便掀的，因為王爺是媽祖之小弟，故掀開，分一些靈給他。接頭香後，王爺陣頭走在前面，引領媽祖回去。（周仁安提供）

## ◆橋仔頭內庄收香案

曾經南街與無底廟、新興庄（秀水鄉）、橋仔頭內庄（花壇鄉）合請一位師傅，用同一塊木柴雕刻媽祖金身，原放在南瑤宮內供奉，同治元年（一八六二）戴萬生之亂時，各庄各自請回去。太平之後，橋仔頭內庄媽祖鬮童，媽祖說要回去南瑤宮，本來鬮童是要媽祖顯化，媽祖竟然說要回去，遂退童。第二次再鬮童時，鬮起輦後，媽祖帶著抬輦轎的人就一直跑回南瑤宮。橋仔頭內庄的人跟著追到南瑤宮。當時南瑤宮的大爐主說，既然媽祖執意要回來，不讓祂回來也不行，但橋仔頭內庄堅持要請回媽祖。商談結果廟方同意，以後媽祖往笨港刈香時，一定邊進去橋仔頭內庄「收香案」，遂成例，以往只經過橋仔頭便可，現在一定要繞進橋仔頭內庄。（唐瀛松提供）

## ◆新大媽靈驗事蹟

新大媽會做醫生，以前新大媽有乩童，祂開的藥都很有效。北部的信徒請媽祖都指定要請新大媽。

新大媽正尊有一尊已一、兩百年，有一次龍袍被香所燒，但內衣完好，交椅則有燒的痕跡，這尊媽祖被人請來請去，不見了。問媽祖說今年過爐後，便可捉生童，今年過爐當天總理擲筊，說回廟再說。適有一廖元帥的乩童來賴鏡峰家，告以其事，同時請媽祖借他開口說話，但媽祖說第二天才可以。第二天該乩童又來，果見神靈入窗，附於其體，開口說話，女聲，很好聽，在場者都感染其莊嚴肅穆的氣氛，媽祖說金身不必找，沒有金身也沒關係，只要三枝香呼請，祂必會來。

有一次新大媽會連續停了三年沒有過爐，因連續兩任爐主均在任內死亡，下一任的爐主不敢過爐，停了三年再過爐時，發現錫爐有裂縫，故不可信無神。（賴鏡峰提供）

## ◆老二媽靈驗事蹟

老二媽進香時，溪埔的花生田如果圍起來，不讓香客踏過的，花生就長不出來，沒有圈起來，讓人家踏過的花生田，反而花生長得多。

老二媽進香時抓「生童」，捉到一個啞吧的乩童，會開口講話，但退童後，又不會講話。

進香期間偷東西的小偷會自己跑到媽祖神轎前懺悔，自己打自己的嘴巴，直到把偷的東西掏出來才停止。（林銘沂提供）

## 與媽祖相關的諺語

**【諺語】媽祖講無情，大火燒拜亭**

光緒二十年（一八九四），有一場從商店街延燒至北港朝天宮的火災，燒掉了拜亭。因此，衍生出「媽祖講無情，大火燒拜亭」的俗語，意指天命難違，就算媽祖出面說情，也無法改變。這句話頗有「公事公辦」的意味。

**【諺語】大媽四愛吃雞，二媽五愛冤家，三媽六愛潦溪**

因大媽、四媽甚是靈驗，信徒許願皆有所得，祭典時信徒的牲禮祭品特別豐富，故曰愛吃雞。二媽會與五媽會會員常有爭執、糾紛，日治時期常由林獻堂調停。每逢三媽年要進香，回彰化市時，濁水溪的水會很大，必須涉水，故說愛潦溪。（許萬枝提供）

**【諺語】墩仔頭鳥，營埔雨，林仔爛糊糊，將牆浪雨滂，王田燒死人，山仔頂得青驚，社腳去探聽，講無影，大肚戲相拚**

這是我一九八八年五月二十二日，在大肚鄉社腳村調查西保二十庄迓媽祖時，訪問爐主湯陳春女士，在她家接受午飯招待，席間聽到她講的話。

西保二十庄迎媽祖，是烏日鄉、龍井鄉與大肚鄉內的二十個村庄從四月一日起，每天一個村庄輪流在庄內迓媽祖的迎神活動，所迎之媽祖一定有一尊彰化媽祖，社腳村是四月初七迓媽祖，爐主說這一段話是「笑談」，大意是說初一由大肚鄉墩仔頭開始迓媽祖天就黑黑的，快要下雨的樣子；果然第二天輪到大肚鄉營埔迓媽祖時，就下雨了；初三輪到大肚鄉的林仔迓媽祖，雨越下越大，下得全庄爛稀泥；初四輪到烏日鄉下勝䐣迓媽祖，終於雨勢歇止；初五輪到大肚鄉王田迓媽祖，天氣轉熱，熱得可以昏死人；初六輪到大肚鄉山仔頂迓媽祖，庄民一想到這麼熱怎麼辦，迎神時一定熱得可怕，心裡實在驚怕；初七輪到大肚鄉社腳迓媽祖，他們聽說山仔頂的人在驚怕，不知驚怕個什麼，就派人去打聽，才知沒有事，只是怕天氣太熱而已；到初八由大肚（包括大肚鄉大肚村、新興村、大東村、永和村、磺溪村）迓媽祖時，由於同一天參與的村庄很多，各村競相演戲，有「相拚戲」的態勢。

# 第三章／媽祖信仰的語詞解釋

奉祀媽祖是盛會也是日常，其方式和儀式雖與民間信仰大致相通，卻也因為媽祖信仰蓬勃發展，所演變出的特有祭祀活動，更顯得豐富與多元。

媽祖信仰，對許多人來說，在看熱鬧之餘，更有著不知其所以然的「門道」。從信仰圈的組織，到祭典的儀式、陣頭、民俗文化等，相關語詞多以閩南語發音為主，致使同一事物出現不同用字、不同說法，或是同一語詞在不同地區代表著不同的意義，若再加上各地習俗的差異，真的教人眼花撩亂。

因此，本章將對媽祖信仰的相關名詞，做個簡單扼要的解釋，希望有助讀者理解台灣媽祖文化及其內涵。

# 公廟與私廟

台灣媽祖信仰的祭祀，主要呈現在各個地方公廟、私廟、神壇的祭典活動。有些地方有「有神無廟」的方式，採用擲筊選頭家爐主的方式，進行每年的例祭；也有些地方，無論有廟無廟，是以組織神明會的方式來崇奉媽祖。

公廟，指某個地域範圍內，公眾共同擁有與管理的廟宇。舉行共同祭祀的儀式時，地方社區內居民通常有義務分擔祭祀的工作與費用。祭祀費用包括：例行祭典的祭品、道士禮、演戲等費用，以及平日燒香、點燈的開支。若是廟宇的建置或修護等費用，再由地方居民另外捐獻與籌措。而早期居民醵資購置的廟宇、廟地、田園、水池、山林等廟產，名義上是神明所有，實質上亦為居民共有。

私廟和私壇有別於社區共有的公廟，是私人興建、私人擁有。有些私廟或私壇僅在民宅內供奉，並無廟宇的形式，通常又以「宮」、「堂」、「壇」為名，主要是提供信徒求神問卜。換句話說，私廟和私壇只有個體性的宗教活動，與群體性的公廟祭祀不同。

私廟的活動性質和參與人數雖然有限，無法與公廟的影響力比量齊觀，但是對於媽祖信的影響也值得注意。況且，台灣早期的廟宇也可能是先私人奉祀，後來信仰者漸多，聚落逐步發展，眾人再合建公廟。

# 角頭廟、庄廟、街廟、聯庄廟、大廟

公廟依所在位置、負有祭祀義務的區域空間大小，以及能夠影響的範圍，分為角頭廟、庄廟、街廟、聯庄廟、大廟等不同層次。

## ◆角頭廟

所謂「角頭」是指庄、街、市的內部次級聚落單位，常與同族聚居的現象有關。角頭廟便是角頭內居民共同興建、祭祀的公廟。通常「大角」下有「小角」。而且，居民可能同時也參加祭祀範圍更大的庄廟活動，而且在認同上仍以為與其他角頭同屬一村（或是自然聚居的庄社、村落，或是行政上的村里）。

## ◆庄廟

媽祖與其他正神或天神一樣，可以成為庄廟的主神，作為庄社的保護神。雖然村庄的大小有別，人口多寡不一，山村、漁村、農村的生計狀況也有所不同，但是以媽祖為庄廟主神的情況則無多大差別。

## ◆街廟

此層次的媽祖廟與庄廟相似，只不過市街人口較多也較密，商業功能較大，信徒分布的範圍較廣，往往涵蓋數個村里。街、庄、社可視為不同聚落單位，小庄為社，而人口密集、交通便利的大庄則常發展為街鎮。

## ◆聯庄廟

聯庄廟是指數個庄社聯合共建共祀的公廟。例如：高雄的田寮大崙頂聖母宮、彌陀鹽埕過港安樂宮，這兩座媽祖廟即屬聯庄廟的性質。

## ◆大廟

位在街市的古老廟宇，若其轄境也包含鄰近的鄉庄，而成為全鄉或全鎮的信仰中心，便稱為大廟。以高雄為例，彌陀彌壽宮、角宿天后宮、鳳山雙慈殿這三座媽祖廟，分別是彌陀區、燕巢區、鳳山區的大廟。

各層級的廟宇發展出屬於自己的儀式和方式，甚至跨越層級，形成不同的互動。地域性的民間宗教組織是漢人移民台灣的獨特發展，它固然與漢人傳統村庄組織、村庄聯盟有密切的關係，卻也是漢人在台灣特殊的社會與歷史條件下發展的結果。地域性民間宗教組織除了地方性的祭祀圈之外，也有區域性的信仰圈，兩者均顯示漢人以宗教的形式來表達社會聯結性（social solidarity）的傳統。

# 神明會

台灣民間信仰奉祀神明，除了廟宇的固定形式之外，另一種輪流迎請祭祀的「神明會」，也是常見的宗教組織。

神明會，指信仰共同神佛的會員或信徒，集資購置財產，每年以其收益辦理神佛祭典的組織。例如：「天上聖母六媽會」、「關帝爺會」、「土地公會」等，皆是以崇奉神明為目的的民間宗教團體。

在台灣，神明會的種類很多，隨著廟宇的發展可分為：一、未建廟宇之前的神明會；二、附屬於廟宇的神明會；三、與廟宇有關但獨立於廟宇組織之外的神明會。有些廟方或信徒組神明會是為了分擔祭祀活動，出錢出力，讓活動熱鬧滾滾，如常見的普渡會、三官會、香花會等。當然也有請成員餐宴的「吃會」，純粹在於聯絡信徒之間的情誼。

通常，神明會都未建廟固定奉祀神像。但有些大型廟宇也有神明會的組織，負責廟方的慶典與祭祀，舉凡雲林北港朝天宮、台中大甲鎮瀾宮、彰化南瑤宮等，都有數量不少的神明會。

神明會有時是為了慶典的需要，有時是為了加強廟宇的祭祀，經廟方鼓吹或信徒自願組成。這些附屬於廟宇的神明會，其主祭神並不一定是廟中的主神，而是分身或配祀神或從祀神（指與主祭神有主從關係）。若是為了慶典需要所組成的神明會，通常是武館、曲館或陣頭，主要目的在於維繫成員情感，強化向心力，分擔相關經費，以維持組織的正常運作。

神明會的成員非常多元，可能是同鄉、同姓、家族、同業、組織，小到一庄，大到跨越鄉鎮聚落，甚至涵蓋數個鄉鎮，促成區域內的團結。台灣常見以「庄」為單位的聯合信仰組織，因此有「三庄媽」、「四庄媽」、「九庄媽」。以台中新社九庄媽為例，其信仰範圍包括新社、山頂、畚箕湖、大南、土城、馬力埔、擺頭店和烏統頭，每年在農曆正月初三至初六之間擇一天舉行祭典。

另外也有家族輪祀的神明會，隨著家族的開枝散葉，以及神明顯聖傳說，漸漸拓展為區域內或跨區域的守護神。其中以彰化與南投草屯地區的「中部二十四庄林祖姑天上聖母」最為有名。

# 會媽與會媽會

我在研究彰化信仰圈時，注意到南瑤宮的重要性，其大殿祀主神媽祖，除開基三媽之外，另有各個「會媽會」的分尊。

所謂「會媽」，是指南瑤宮各個分身媽祖；而「會媽會」（簡稱「媽會」）則是會媽的神明會組織，包括：老大媽會、新大媽會、老二媽會、興二媽會、聖三媽會、新三媽會、老四媽會、聖四媽會、老五媽會、老六媽會，共十個。

換句話說，彰化媽祖信仰圈是以南瑤宮十個媽會的會員分布範圍為主體的區域性宗教組織。這十個媽會的角頭超過四百五十個，會員遍布彰化、台中、南投，每逢媽祖生時即有進香、謁祖、過爐、吃會等各式活動，十分熱鬧。

# 爐主與頭家

神明祭祀是以「爐主」和「頭家」為代表，負責一年的活動。即使沒有興建公廟，居民仍以此來維持祭祀。所以，有神就有爐，有爐就有爐主，這是民間祭祀的習慣。

通常每年固定的時間，區域內居民每戶派一人參加擲筊，採意願制，由連續得「聖筊（杯）」次數最多者出任爐主，其次是副爐主，其餘為頭家。爐主只有一位，副爐主和頭家則依各區域所需人數而定。

爐主的主要責任，是代表全體居民祭祀神祇，需準備祭品和安排相關事宜；頭家則是幫忙爐主性質，包括收丁錢、搭戲棚之類的。

卜爐主的方式有：卜出一組負責一年內所有的祭祀；或是卜出數組，每次祭典，由其中一組負責；也有採分區、分鄰或分班輪值。有些人口較少、凝聚力較強的部落，居民甚至必須每日分戶或每月分班，輪流負責廟內的燒香和灑掃。

對信徒而言，爐主是神明揀選而出，非常不容易。據說，媽祖相當靈感，每年擲筊卜出的爐主，家中一定是當年風水最好的方位，或是這家人有需要幫助。

## 分靈、分身、分香、漂流

這組名詞，是神明香火緣起的典型。

先民冒險橫渡黑水溝來台，為了祈求海上平安，以「分靈」的方式求得故鄉廟中媽祖神像的「分身」，捧上船頭，飄洋過海，最終抵達台灣後，因感念媽祖護佑而特別建廟供奉。

若無法求得媽祖神像的分身，則用媽祖的香火袋來替代，在台灣定居後，再雕刻神像與香火袋一同供奉，此稱為「分香」。

另有一種狀況，若遭遇船難時，船頭的媽祖神像落水，隨波逐流，日後被信徒撿起供奉，則稱為「漂流」。例如：在高雄，彌陀鹽埕過港安樂宮、彌陀彌壽宮、梓官赤崁赤慈宮，這三座媽祖廟的神像就是人們從海中撈起的；而茄萣賜福宮的媽祖是沉船漂流而來，被倖存者奉於俗稱「媽祖婆山」的茄萣公三公園；林園鳳芸宮媽祖則來自百年前一艘南澳來此載貨的船隻，途中遭狂風巨浪擊沉，其中一位船客因持媽祖神像而免於一劫，因此結廬而拜。

在各地媽祖廟之間，存在著一張無形的系譜，以湄洲媽祖為開基祖，往下分別出代代在不同地區「分香」的媽祖，其輩分或上或下，全以分香關係來決定。

台灣有些媽祖廟宣稱自己的媽祖分靈自湄洲祖廟的「湄洲媽」，就歷史來說，台灣早期的媽祖大多從祖籍原鄉攜來奉祀，一部分是自原鄉有名的媽祖廟分靈而來，但分靈來源，不限於湄洲一地。一般人誤以為全台灣的媽祖皆是分靈自湄洲，其實不然！媽祖分靈的地點與早期移民的故居地有很大的關係，其中包括來自湄洲嶼朝天閣的「湄洲媽」、長汀地區的「汀洲媽」、興化地區的「興化媽」、同安地區的「銀同媽」、泉州天后宮的「溫陵媽」、烏石天宮后的「烏石媽」等。雖然名稱不同，實際還是同一位神祇。

# 大媽、二媽、三媽

媽祖只有一位，但是，在台灣卻因為神像的分尊、顏色，或是奉祀地點的不同，讓媽祖產生了不同的分身，而信徒也賦予不同的稱呼與職能，形成媽祖信仰的特殊現象。

媽祖廟內總會有許多尊神像，廟方依媽祖分身雕刻或進殿的時間順序，稱之為：大媽、二媽、三媽；或是依造神像的奉祀或對象方式，而稱為鎮殿媽、開基媽、糖郊媽、會媽、正爐媽、副爐媽等。

這些稱呼原本是分別媽祖神像的用意，卻隨著媽祖信仰在地化，以及信徒迎請各神像所發生靈驗經驗或傳說故事，漸漸給了不同稱號的「媽祖們」不一樣的職務。

普遍來說，開基媽、鎮殿媽等是該廟最早的「資深媽祖」。俗語說：「大媽鎮殿、二媽吃便、三媽出戰。」意指，大媽終年在廟中坐鎮，供信徒祈求膜拜，即不外出遶境，也不受迎請；二媽則接受供奉，不負特殊任務；若信徒有事相求，通常是請三媽出面處理，因此三媽經常在外出戰執勤。

台中大甲鎮瀾宮也有此說：「大媽鎮殿，二媽吃便，三媽愛人扛，四媽閹尻川。」大媽、二媽的說法相同。至於鎮瀾宮三媽即副爐媽，是擔任進香的媽祖，因為喜歡受信徒扛著前行。而四媽是正爐媽，因為常被信徒請到家中「問神」，若有重病難治或久病不癒，就會挖取媽祖神像底座的木屑作為藥引，長久以來，媽祖底座竟成大洞，所以有「四媽閹尻川」之說。

# 黑面、粉面、金面

就神像外觀來看，台灣媽祖以黑面為多，而且呈現雍容富貴的形象，與大陸削瘦的粉面媽形成強烈對照。

黑面除了代表香火旺盛，致使神像的臉部熏黑，也被當作是媽祖顯聖或與妖鬼作戰的造型。此外，還有另一層民俗學上的意義，因為台灣人認定媽祖是林默娘，祂未嫁而亡，在漢人社會裡象徵著不正常死亡，因此用黑色。

至於金面，則與早年官方祭祀有關。例如：澎湖天后宮所供奉的金面媽祖，即是在清康熙年間，受皇帝敕封為「天后」、御賜「金面」。金面媽祖多為天后裝扮。

儘管台灣媽祖也有粉面和金面，卻因為數不多，所以鮮為人知。若按一般民間流傳的說法，神像臉色的不同是因為：粉面（或者紅面）代表媽祖平時的表情；黑面是媽祖救苦救難時的模樣；金面則是媽祖證道昇天時的容顏。台灣的連續劇也依此傳說，將媽祖一分為三，而這樣的透過傳播，部分廟宇更以媽祖造型來宣傳神格或靈力。

# 南笨港，北干豆

台灣媽祖信仰的另一個分身現象，是名稱地方化。也就是，稱呼各區域媽祖時，會加上地方或庄社的名字。例如：大甲媽、北港媽、新港媽、彰化媽、關渡媽、鹿港媽、內媽祖、外媽祖等；或是以奉祀庄頭所涵蓋範圍的數量，稱作「九庄媽」或「四庄媽」等。

這些稱謂，除了表示媽祖信仰的在地化，媽祖儼然也成為該區域的精神象徵。而這樣的區域分身，也產生了「擬親屬」的現象，使交往密切的某兩地媽祖，被稱作「姐妹」，彼此來往的儀式也被稱為「姐妹會」。

以台灣早期的「南笨港、北干豆」一說為例，即指南台灣尊崇笨港媽、北台灣尊崇干豆媽。干豆，是台北關渡的舊名；而笨港為南部古地名，約是現今雲林北港和嘉義新港一帶。

在信徒的心目中，儘管是同一位神祇，卻因神像或奉祀地點不同，而讓媽祖有了眾多分身，又透過人們不同的投射與想像，而產生「個別化」的現象，讓「媽祖」一詞從單數變成複數，漸漸成為慈悲女神的代名詞，也幻化出媽祖的萬千形象。

## 進香與交香

台灣對於「進香」一詞有許多不同的解釋與認定，有時又與「刈香」、「會香」等混淆，而各地方依其慣例，解釋也稍有出入。

進香，廣義來說，是某廟宇的神明到另一廟宇拜訪，分霑祂的香火；狹義則是指某廟宇的神明，到遠處的、有名的、歷史悠久且香火旺盛的廟宇去朝香，表示對該神明的敬意，並且透過儀式霑取或分割對方香火到己方來，使己方同樣旺盛。我認為，「去」進香是為了「回來」，進香回來的媽祖便在境內巡境，獲得更新而旺盛的香火與信徒家中的香火「交香」（交換香），藉此而分霑到信徒家戶中，舉辦進香之為己謀福的意向是很明顯的。

我曾在〈進香的社會文化與歷史意義〉中提出：就儀式而言，一般人所謂進香，常常只注意神明到進香目的地的廟宇後，入廟參拜，等待交香或刈火儀式；事實上，這只是整個進香儀式的前半段，目的在擷取其他廟宇之香火，可以讓自己廟宇香火更旺盛，因此，進香在儀式層面上，有香火更新的意義，另一方面，進香活動的其實帶給目的地實質的香火利益。進香儀式過程的後半段，也就是在轄區內的遶境，其儀式意義常為大家所忽略，經過香火的更新儀式後，香擔或香爐內的香火旺盛，供奉回廟宇之前，有必要在其轄域內讓各戶居民分享其香火，因此進香之後的遶境有香火均霑的儀式意義。

而美國人類學者 Steven Sangren 在《Chinese Social: An Anthropological Account of the Role of Alienation in Social Reproduction》（二〇〇〇年）對媽祖的進香有獨到見解，且看到靈驗與集體性的關係：越多人拜越靈，越靈便越多人拜。這的確是台灣人的香火觀——人氣與香火之間具有循環與互相支援的關係。因此，台灣媽祖進香活動極為熱鬧蓬勃，尤其是每年的「三月痟媽祖」。

我們從媽祖進香活動去考察，各地信徒常有媽祖「蔭外鄉／蔭外方」的說法，這也是外鄉信徒紛紛前往歷史悠久的媽祖廟進香的原因，因為他們比較能感受到街市所在地的媽祖對外鄉信徒的庇蔭，而且，具有回溯移民路線的歷史意義。而這樣的傳說，也有助於吸收更多外地各庄的信徒。

進香需要動員龐大的人力、物力，除了在宗教上獲得靈力的重要功用之外，更是各大廟宇聚集人群、強化影響力的機制，進而吸引更多信徒，繁榮地方利益。對於信徒來說，進香是神聖之旅，也是社交活動；但一般人也樂於隨香，共襄盛舉。而交通部觀光局則在觀光年曆上列入「大甲媽祖文化節」列入，成為旅遊台灣的焦點活動。

宛如人神偕遊的進香活動，其核心意義是社會性的。無論是村庄性的、聯庄性的、區域性的信徒集結一起，透過神明信仰有關的活動，來增強社區或是群體的凝結力。

# 謁祖與祭天香

謁祖，有時又稱為「謁祖進香」，是指：到神明香火起源的廟宇，或是信眾所「認定」的祖廟，去行謁拜之禮。因此，目的地與進香廟宇之間，有著祖廟與子廟分香的儀式關係。

除了地方公廟，私廟或私壇也常常到其香火來源的祖廟謁祖進香。而地方公廟之主神或者一些配祀神通常是開庄立廟之始就有的開基神，其香火係移民渡海之初自原鄉攜來，這種所謂的「在庄神明」便無所謂祖廟可溯，也就無需刈香。但村廟後來常會納進一些新的神明，通常是因鄰近街鎮、城市的發展，而自市街迎來之神，這些神明往往是因靈驗護庄救庄有功，而入祀村廟，其香火來源的祖廟遂成為進香的目的地。因此村廟若有謁祖進香的活動，大多是往其配祀神之祖廟，否則就是開發較晚的村庄，其主神卻來自開發較早之村庄或市街之分靈者。

祖廟通常代表歷史更悠久、香火更旺盛。雖然許多文獻中，「刈火」或「掬火」強調的是香火分割、分霊與再生的意義。但是，我研究高雄媽祖信仰圈時，較少聽到這樣的用詞，而多用表示子廟對祖廟的「謁祖」一詞。

其實，很多所謂的祖廟，不一定具有確實可考的香火傳承關係，而只是經過人為的認定。至於為什麼產生此認定，與兩岸的歷史文化發展不無關係，這恐怕無法在此下結論。

台灣海峽兩岸，自從第二次世界大戰開始前即已隔絕，數十年政治、文化、交通沒有往來，在那段期間，源自大陸原鄉的香火，或者不確定香火的緣起，便以面海望空遙拜的方式替代，祈求香火的接續，此為「祭天香」。例如，一九八四年時，鹿港天后宮舉行過隆重的隔海遙祭大典，在海上築起高大的祭壇，面向湄洲，三跪九叩。直至兩岸恢復交流後，台灣的媽祖廟開始前往湄洲進香，形成一股湄洲謁祖熱。

# 參香、會香、會親

田野調查時，我們發現信徒常解釋媽祖「進香」是「返外家」（即回娘家），就像嫁出去的女兒回來「作客」一樣。台灣信徒經常將參香、會香與遊覽結合，形成觀光休閒與宗教儀式的活動。

在民間信仰中，媽祖和其他神明一樣，也會離開其轄境，到處去參訪道友。一般以平等地位的互相參訪，通稱為「參香」，兩廟之間沒有特殊關聯。

而「會香」是指神明往同一香火來源的姐妹廟（或兄弟廟），與其姐妹神（或兄弟神）相會，兩廟具有比較密切的情誼關係，但非母廟與子廟的關係。

因為有時牽涉到進香媽祖與目的地媽祖間的地位高低之爭，信徒表示彼此間的友誼關係，會將其他媽祖廟「姐妹化」，常稱媽祖出境參訪是「會姐妹」，就像姐妹相聚一樣，因此也稱作「會親」。

這種基於雙方地位平等，而以「會香」、「會親」、「參香」代替「進香」

與「返外家」的說法，就像前文所述，是反映出媽祖與漢人女子擁有相似的社會屬性。

# 刈火與刈香

台灣的幅員雖然狹小，各地的習俗行為與相關詞彙用法卻有所差別。以「刈香」一詞為例，有時會與「進香」混用，有時又強調刈香需有「刈火」的儀式，而進香則沒有。

黃美英在《台灣媽祖的香火與儀式》將「進香」和「割火」（刈火）的意義區分開，認為進香的基本形式是指廟方或個人，前往外地的神前燒香禮拜；刈火儀式則牽涉「靈」和「火」的割取，這當中包括兩層意涵，一是甲神對乙神割取「靈火」，二是信徒參與儀式，向神明獲取「香火」和「靈氣」。經過一套儀式化的過程，而得到「分火」，主神藉由「分神儀式」而有無數「分身神」。

媽祖信仰的活動裡，最重要的是到別人的廟裡把香火割取回來，變成自己所有。台中大甲媽祖自北港改往新港進香之後，已經取消割火儀式；苗栗白沙屯媽祖則去北港。這是目前台灣最夯的兩條進香路線。比如說，白沙屯媽祖去北港，就從對方燒金紙、燒疏文的萬年香爐中，舀取其旺盛香火到自己的金爐。這是刈香的觀念，所以香火也可以分割。但不單是只有分割，而是分霑。

為什麼媽祖進香回來要遶境？因為進香後，香火很旺盛，祂要把這旺盛的香火散布出去、分到家家戶戶。當媽祖經過的時候，信徒拿自家的香支交換——香支插到遶境神轎的香爐裡，然後隨轎的人會把媽祖的香支插到信徒家的香爐。這是民間香火的觀念非常有意思的地方，會持續讓信徒保持對媽祖信仰的熱忱，所以拜神明、拜媽祖都是同一種觀念，要留著，今年、明年、後年，年年不斷地更迭，香火代代傳。

# 刈山香、刈水香、刈海香

前述「刈香」在不同地區而有不同意義，普遍來說，指到某地進行神明靈力的補充，是對儀式活動的統稱。但是，在台南沿海一帶，「刈香」卻別有所指，是神明遶境活動的特有稱謂。

狹義的刈香，僅指「刈山香」、「刈水香」、「刈海香」；廣義的還包括了「刈廟香」。

刈山香（又稱「刈山火」）與刈水香儀式的進行，是到山邊或水邊搭壇，神輿轎進入水中，將鬼魂邪煞等不乾淨的「歹物仔」，收服為神的兵將。在雲林、嘉義、台南地區將此種儀式稱作「召兵」或「請水」。（但某些廟宇所稱的請水，是指到海邊遙祭謁祖，或補充靈力的儀式。）

刈海香，即在海邊舉行刈香儀式，這種例子較少。或許因為海邊也是有水之處，有時也習稱為「刈水香」。

至於刈廟香，其實是「過爐」的同義詞。根據我在高雄進行媽祖信仰圈的研究，該地講到「刈香」一詞，差不多是專指刈山香與刈水香，與過爐就有明顯的儀式上的區別。

# 過爐

民間習俗的「過爐」有兩層意涵：一、信徒將物品或與神明相關的聖物，在香爐上旋繞，熏煙淨化，並獲得神明的靈力護持；二、媽祖信仰中，過爐，是指交換爐主的儀式，指從這個角頭過到那個角頭，或是從這個庄頭過到那個庄頭，大家輪祀媽祖。

特別是在台灣中部地區，以「過爐」一詞指涉神明的香火傳遞移交到下一值年爐主的手上，由信仰祭祀中心日常供奉的所在把神明香爐過到爐主家，同時接受角頭內信徒奉拜的儀式過程。

過爐是神明會最重要的祭祀活動，當天所有成員都會前來參與。各地過爐儀式稍有不同，但都會舉辦隆重祭典和聯誼性的宴客活動，加強會內的團結。例如，彰化南瑤宮、中部二十四庄林祖姑天上聖母會，皆有規模盛大的神明會過爐。另外，有些地區會結合請媽祖（迓媽祖）的活動，進行遶境，其影響力也不限於神明會成員。

然而，我在調查高雄民間信仰時，發現高雄通稱的「過爐」，與一般的「進香」意義相近，是指神明離開轄境，到遠處有名的、香火旺盛的廟宇去朝拜。「過爐」一詞，表示神明的香爐從香對象的神明香爐上，由信徒用手傳送出廟門，強調經過對方神明香火淨化的儀式意義。雖然過爐沒有如「謁祖」般有雙方位階的上下統屬關係，但仍表示相當程度的對對方神明香火的崇高敬意。

# 過火

過火，又稱為「過生火」，即在廟宇之前置放成堆的金紙和木炭，點火燃燒，讓神輿領前，信徒隨後快速踏過。通常是在媽祖進香回來入廟之前舉行。此一活動具有驗證神蹟與潔淨求平安的儀式效果，也創造了人神交融最神祕的體驗。

研究台中新社九庄媽時，受訪者向我表示，九庄媽約在六十年前遊庄時，舉行過一次過火儀式。當時在新社國民學校（今新社國小）的操場上，堆上燃燒的炭火和金紙，眾人抬著九庄媽的大轎，左右搖晃地快速通過炭火，那是唯一一次的過火儀式。卻也有庄民反駁，認為過火是「武神」才有的儀式，媽祖屬「文神」，當然不會有關係。

# 包香火

調查高雄民間信仰，我在採集資料時發現：內門中埔龍角寺媽祖的香火來自燕巢角宿龍角寺，每隔三年必到角宿龍角寺謁祖進香，每有進香必連續舉行三年。然而，「謁祖進香」只是名義上，受訪者在描述其儀式意涵時，表示只是去「包香火」而已，並未過爐。「包香火」的說法也僅此一例，其內含接近「謁祖」與「過爐」，又似乎有細微的儀式上的區別，詳情有待進一步的考察。

# 請媽祖（迓媽祖）

在廟宇內，經常可以觀察到請神活動。請神或迎神，是到外地或層級較高（指祭祀圈的不同地域層級）的廟宇，去迎請其神明前來境內當「客神」，參與巡境，接受信徒的奉拜。

請神活動可以區分為私人性與群體性兩種。私人性的請神，通常是因為個人家內有「入厝」（搬遷新家）、娶新娘或作壽等大事時，請神明到家中坐鎮幾日。迎請之神不限於村庄的保護神，任何該戶人家虔信的神祇皆可，有時請的是村廟內的某一副祀神，也有時是到外地去請神。

群體性的請神，是指某一村庄、某一地域範圍或某一宗教團體，到上一個層級的、外地的廟宇去請其主神前來。有時是村庄內有例行祭典或大拜拜，去請上層的神祇來看戲，更多的情形是用曲館、陣頭把神明請來之後，與地方保護神一同在域內巡庄遶境，接受地方居民的祭拜。

雖然請神行為在台灣是很普遍的信仰儀式，卻以媽祖為勝。俗語說：「請媽祖來作客。」就是將外地的媽祖請到自己的村庄或區域來看戲，或參與遶境，通常是群體性的，諸如：台北北投關渡宮、彰化南瑤宮、雲林北港朝天宮等的媽祖，都在區域信仰內扮演重要的角色。

無論當地是否已有「在庄媽」或「在地媽」，都可能到外地迎請居民普遍信仰或有淵源的媽祖前來參與活動，通常是地域層級較高的地方。例如，已有百年歷史的台中霧峰、烏日與大里「東保十八庄迓媽祖」，總共有十八個村庄參與，他們沒有共有的廟，卻有一尊共有的「十八庄媽」。每年農曆三月初一起，將附近的旱溪媽、南屯媽、台中媽、彰化媽通通請來，由十八庄媽引路，依順序逐日到各庄遶境。

這些媽祖的祭祀與信仰活動，有些是村庄性的，有些是聯庄性的，有些是區域性的，總之是大家集合在媽祖的麾下，進行村內或村際活動，也因而形塑出媽祖的流動形象。今天這裡請媽祖，第二天隔壁庄請媽祖，輪來輪去，這是「輪庄請媽祖」。

# 三月痟媽祖

千秋祭典，指神明的誕辰，即閩南語的「神明生」。從前，廟宇主神的千秋祭典，常有宴客「吃拜拜」的習俗，而今多改為在進香或建醮等大型活動時「辦桌」請客。

往昔祭祀費用常以丁口錢來維持，在高雄最特別的是「蔭丁」習俗，也就是庄民年滿六十歲之後就不必再繳丁錢。由於收丁錢即費時又費事，後來逐漸演進為信徒自由樂捐油香錢的方式。

而農曆三月二十三日是媽祖生日，依照習俗，各地媽祖廟與其信徒舉行祭典酬神，因此每年自元宵節起到媽祖生日當天，各種儀式與遶境，熱鬧滾滾，是台灣民間最重要的宗教活動。俗語「三月痟媽祖」，即是形容整個三月全台民眾為之瘋狂。其中又以「大甲媽祖遶境進香」、「北港朝天宮迓媽祖」、「白沙屯媽祖進香」等最為熱門，每年齊聚數以萬計的信徒與世界旅人，盛況空前。（詳見本書第四章）

# 搶香、頭香、貳香、叄香、贊香

台灣習俗中，民眾在農曆春節時，爭相到各大廟宇內搶插新年第一支香，討個吉利，稱作「搶頭香」；而在媽祖信仰中，「搶香」也是遶境之前的重頭戲之一。

相傳清朝時，台中大甲原有五十三庄輪值媽祖進香事宜，然而，因各庄貧富不均，有的庄頭無力負擔，況且五十三年才輪值一次，間距過長。因此，以搶香的方式，讓各庄頭角逐擔任「頭香」、「貳香」、「叄香」，負責相關活動。

鎮瀾宮媽祖的遶境日期並非每年固定，而是在元宵節晚間擲筊，請媽祖裁示。百年來，全台各地信徒搶香熱烈，造成角頭對立、失和，廟方為化解糾紛，近年來已用「貼香」代替搶香，有意參與的團體，經過協調，決定頭香、貳香、參香的得主。

頭香、貳香、參香，指插香的順序，需連續擔任三年，其中頭香在三年後轉成「贊香」。各香義務是在遶境進香期間，出資支付表演性的陣頭費用，同時也需輪班全程跟隨媽祖徒步進香，壯盛聲勢；而各香的特權則是媽祖回程時，能夠接駕獻香，代表祭拜、祈願、祈福，將三支線香插於大轎內的香爐中，「優先」獲得媽祖的庇佑。

## 貼香條

遶境進香活動，在媽祖起駕之前，約半個月左右，廟方還有一件重要的準備工作：貼香條。

香條，指進香活動的告示紙條。早期香條是以毛筆書寫在黃色或紅色的紙條上，並圈紅蓋印；後來，隨著物質條件的進步，目前多改用印刷製作，或用木刻板沾墨蓋印，保留傳統風貌。

香條需貼在媽祖進香行經的路口，以及沿途停駕或駐駕的宮廟牆壁、公告欄、柱子。直貼表示進香隊伍要直行，若遇叉路則斜貼指往前進的方向。直至最後一頂神轎通過後，香條才可以撕除。

貼香條的目的在於告知沿途信眾，某月某日媽祖將行經此地，希望民眾擺設香案迎接、祭拜。此外，廟方也可以利用此行勘查路線，若遇施工或民家搭棚辦喪事等狀況，則事前安排改道。

# 進香旗

進香旗，又稱「隨香旗」，是香燈腳（進香客）隨著神祇進香時，所隨身攜帶的旗幟，主要作用是表明自己參與進香活動的身分，以祈求神祇庇佑。若依循傳統進香，應在起駕日之前，向媽祖稟告意願，以擲筊獲得同意，才能請領進香旗。

同是媽祖信仰，苗栗通霄白沙屯拱天宮與台中大甲鎮瀾宮的習俗稍有不同。在鎮瀾宮，是個人向大甲媽請旗；而拱天宮則是以「戶」為單位，由戶長向白沙屯媽祖請旗。因此，進香旗不是神的法器，而是個人（或家庭）與神之間的信物。

進香旗的旗面有方形和三角兩款，又以三角旗較為普遍。最早是進香客以棉布自行縫製，紅布為旗面、藍布襯邊，於旗面上用黑墨書寫神祇名號、請旗干支年、信徒姓名和戶籍地址，側邊裝上木桿或竹桿以便握拿。後來演變得較為精緻，多在旗面刺繡吉祥圖案與「天上聖母〇〇進香」字樣，外圍會以流蘇裝飾，頂端葫蘆處再繫上鈴鐺。據說，晚上徒步時，視線不清，香燈腳可透過鈴聲結伴同行。

持進香旗請示媽祖獲准後，依序蓋大印、綁平安符、過爐，即完成請旗。進香旗平時不具備任何靈力，僅需收放在廳堂的清淨處。直至放頭旗時，回到廟裡參拜、過爐，代表向媽祖領有兵將護衛平安，此時進香旗才具備靈力。而鎮瀾宮的香客在進香之前，需攜旗回宮參拜，將去年所綁的符咒全部卸下，連同金紙一起焚燒交還媽祖，繫上新符，再過爐淨旗。

進香去程，沿途參拜各個廟宇時，皆需打開進香旗參拜、蓋印、過爐，或將廟方靈符綁在旗桿上；回程則用防水的袋子「封旗」，改持貢香，將香火一路接引回家。遶境結束後，再將進香旗收放家中，或請示媽祖擺放的方位。

依照民俗，進香旗不落地、不倒插，也不宜帶入廁所、臥房等穢地，若要躦轎腳（躦轎底）時則需請旁邊的人代為保管。甚至有老輩香燈腳不願意將進香旗帶入別人家，以免把香火靈力留在他處。值得一提的是，在白沙屯的習俗進香中，各家各戶的進香旗每年都要返回北港過爐，就算人不去，旗子也要去，若不克參加的人可託付親友攜帶前往，因此，常有人背負數支進香旗的景象。諸多進香旗的使用限制，無非是表達對神祇的尊重。

# 起駕

起駕，意為啟程動身，但不稱「啟駕」。在民間習俗中有兩種意思：一、指神轎動身前往某處；二、指神祇附身乩童傳達旨意或濟世。

媽祖進香之前有「起駕儀式」。以台中大甲鎮瀾宮為例，出發的三天前，廟方會邀請進香團的頭香、貳香、叁香、贊香，以及陣頭成員、沿途行經宮廟的主事者、地方政要等聚餐，稱作「起馬宴」，再次確認相關事宜，同時感謝所有人員的協助和參與。起馬宴後，參與進香者在進香途中需茹素，稱作「路齋」，直到媽祖祝壽大典後才能開葷。

到了出發進香的當天，廟方在轎前焚香禮拜，恭請媽祖起駕，待吉時一到，點燃三響「起馬炮」，鐘鼓齊鳴，大轎班將神轎抬起，正式朝目的地廟宇啟程。

# 起馬與下馬

參加徒步進香的信徒，猶如媽祖在人間的兵馬，因此有「起馬」與「下馬」的儀式。在閩南語中，「下馬」的「下」需讀為「hā」而不讀「lòh」，否則就變成「落馬」（有「掉落」之意）。

起馬，是指香燈腳（隨香客）在出發之前，應先行上香稟告自家廳堂所供奉的神明，再到廟裡向媽祖和頭旗禮香，表示已經準備就緒，並祈求媽祖保佑進香之行平安圓滿。

進香途中，媽祖神轎每天駐駕過夜時，待頭旗完成停駐儀式後，廟方會遵照媽祖指示，告知香燈腳隔日出發時間。而香燈腳需到頭旗和媽祖神轎前頂禮朝拜，感謝媽祖庇護當天的路途平安，此即「下馬」。

整個進香過程，神轎起駕前，香燈腳到轎前「起馬」；而駐駕休息後，再回到轎前「下馬」。直到結束進香、回鑾入廟，完成最後一天「起馬、下馬」儀式，才算圓滿成功。

## 行轎、停駕與駐駕

行轎，是指白沙屯媽祖神轎特殊的行進方式，透過上下震動、前後頓促、推磨、搖晃、掀擺、拉回重壓等方式，向轎班人員傳達行進方向的旨意。

苗栗白沙屯媽祖進香活動，最大的特色是僅確定起點與目的地，並沒有固定期程和行進路線。因此，浩浩蕩蕩的進香隊伍每到分岔路口，就必須全神貫注等待媽祖行轎指示。對信徒來說，這是媽祖作主帶大家前進，而不是跟著轎班行走。當媽祖行轎時，香燈腳應主動讓出空間，以免阻撓媽祖的動向。

進香期間，媽祖神轎暫時休息稱為「停駕」，過夜則稱為「駐駕」。沿途停駕時，神轎會以大門為區隔，進行三進三退致意後，會駐蹕在店面、住家、學校或廟宇的戶外或屋簷下，接受當地信徒的參拜。若是駐駕，往往在天色漸暗時，神轎進行三進三退致意後，進入媽祖所選定的過夜處所建築物內。待廟方依據路程狀況，宣布第二天起駕時間，即可休息。

# 陣頭

陣頭，是台灣民俗節慶時，參與儀式的團體，有宗教性與表演性兩大類。宗教性陣頭主要扮演護駕角色、表演性陣頭則有表演藝術的功能，為各種迎神賽會或神誕祭典「鬥」熱鬧，帶動氣氛。

常見的陣頭有：迎神行列中的南北管、宋江陣、車鼓弄、八家將、官將首、神轎班等，在廟會遊行中，兼具了藝術性與世俗性。

以台中新社九庄媽為例，輪祀的八個庄頭都各自有大旗鑼鼓班，負責媽祖祭典時的演出任務。這些陣頭皆由各庄庄民所組成。早期九庄媽隨駕遊庄的各陣頭稱「鑼鼓班」，在交通不便的年代，各庄陣頭都得靠步行來遊庄，為求攜帶輕便，而將小鼓放在竹籐編製的鼓籃裡，由一個小孩揹在背上，後頭跟著一個大人負責敲鼓，與現今的大鼓相映成趣。這類陣頭已經絕響四、五十年了，這期間，九庄媽遊庄時，都得邀請鄰近的大甲或豐原出陣幫忙。而現在所見的大旗鑼鼓班，多數是山頂庄二十年前輪值時，由值年委員會籌劃推動，以大鼓取代小鼓，因此出現「大旗班」和「大鼓陣」的名稱。

除了鑼鼓陣之外，往昔有些村庄也有子弟班，成員來自各個階層，到了相關祭祀活動時，才義務出陣幫忙。

# 報馬仔

媽祖進香遶境時，走在隊伍最前端的是「報馬仔」。報馬仔相當於軍中偵察敵情的「探子馬」，負責探路與報信。沿途中，報馬仔需邊察看路況邊敲鑼，既是提醒民眾要收拾屋外的衣物、準備香案，迎接媽祖，也有驅趕魑魅魍魎之意。若是走到停駕的廟宇時，需先行向廟宇主神報告媽祖鑾轎已到。

話說，報馬仔頭戴斗笠、肩披簑衣，蓄留燕尾鬍鬚，揹著菸草袋，捲起一隻褲管，僅一隻腳著草鞋，裝扮滑稽，宛如戲劇中的丑角，即使是熱鬧滾滾的隊伍中也很引人注目。報馬仔的造型其實都具有特殊意義，例如：戴眼鏡象徵看破世情、明辨是非，長紙傘表示長期行善，菸管意為感恩，菸草袋具代代相傳之意，燕尾鬍鬚是言而有信，反穿毛襖帶給他人溫暖，而單腳著草鞋減輕痛苦、另一腳赤足代表腳踏實地。

此外，進香沿途，許多信徒會向報馬仔乞求交換身上的寶物，尤以「三寶」最受歡迎：錫壺音似「惜福」，飲壺中壽酒可長命百歲；豬腳音似「知足」，代表身體安康、知足常樂；韭菜則有久久長長的意象。

# 頭旗、頭燈、三仙旗

進香陣頭中，頭旗代表主神，走在隊伍前方引導行進，兼有掃路驅邪的作用；頭燈（又稱「托燈」），位在頭旗兩側，為燈籠造型，擔任夜間領航，因此有「晝旗夜燈」的說法。

就功能而言，頭旗除了需指揮有形的進香隊伍與無形的兵馬（有指揮權而無司令權），也具有「除煞」、「開路」的性質，因此多以方天畫戟、槍、劍尾等比較陽剛的兵器來裝飾。

以白沙屯拱天宮為例，廟方在進香起駕的三天前，有「放頭旗」的儀式。依媽祖指示的時辰，由頭旗組組員將象徵統理媽祖兵馬的頭旗自廟中取出豎立在廟前龍柱上，備牲禮祭拜後，施放鞭炮，藉以告知信眾進香活動正式展開。

三仙旗與頭燈、頭旗同屬一班，是頭旗的副手，立於頭旗的後方。三仙旗共有三支：黃色位於中央尊位，代表媽祖；兩側的藍旗為其護駕。當頭旗引導迎駕陣頭參拜媽祖時，三仙旗即接替引隊前行。然而，進香過程，三仙旗不得超越頭旗以示尊重。

相關的禁忌另有：女性不得碰觸頭旗，而且行進路線「有進無退」，只能快步行走而不得屈膝跑步；因此舉頭旗者有時必須繞路追趕，與媽祖神轎會合。

# 莊儀團

媽祖進香隊伍中的兩位護衛將軍——千里眼與順風耳，因為儀態莊嚴威武、步伐穩健，而名為「莊儀團」。

行進中，兩位將軍手握著黃色符紙（即「手錢」）、腦後繫掛黃色鋸齒狀長條紙錢（即「高錢」）。特別一提的，高錢的顏色有五色和黃色之分，前者用於高階神明，後者則為陰差或妖精轉化的神將所佩帶。

在民間信仰中，手錢與高錢具有驅邪制煞、植福增祿、鎮宅平安的作用，因此成為信徒爭相拾取的重點。除了行進間擺動時的偶然掉落之外，手錢與高錢也需要每日更新，就像盥洗衣物一樣，而更換下來的就分送給信徒。

# 執事隊

執事隊，亦作「執士隊」，是媽祖進香遶境時的護衛隊，相當於隨從古代皇帝出巡時負責開路與護駕的儀杖。

進香過程，執事隊每個人手拿長腳木製彩牌或是各式各樣的兵器，分成兩路縱隊前行。書寫「肅靜」、「迴避」、「天上聖母」、「遶境進香」、「風調雨順」、「國泰民安」等字樣彩牌的執事，具有開路功能，走在神轎前方；其後依序是持龍頭、日月牌、槍、槊、戟、雙戟、刀、關刀、斧、鉞矛、印架、令旗等執事，展現護駕作用，數量通常為二十四、三十六、七十二，又以三十六最常見，所以概稱「三十六執事」。執事隊入廟後，分立於兩側，象徵維持秩序，靜待神轎到來。

以台中大甲鎮瀾宮為例，其執事隊有一對龍鳳旗、十二面彩牌和十八般武器，龍頭楞居前，鳳尾壓後。若行進間遇到喪家時，各執事立刻散開圍住媽祖鑾轎，避免邪魔犯駕或冤魂攔路告狀。

# 神轎（媽祖鑾轎）

神轎，又稱「神輿」，是神祇出巡、進香、遶境或降乩辦事時所乘坐的交通工具。就神轎的規模，有二抬（手轎）、四抬（四轎）、八抬（大轎）三種不同的類型；若從形式來分，則有文轎、武轎、輦轎、顯轎、花轎、鳳輦、輦宮、龍鳳車等。

媽祖鑾轎是進香遶境隊伍中的壓軸。以台中大甲鎮瀾宮的神轎為例，循古制使用覆頂且不加輪子的八人扛抬文轎，轎身以細藤編織，外披「龍鳳拜塔」、「八仙祝壽」、「麒麟四寶」、「太極八卦」、「雙龍朝珠」等各式彩繡，轎內坐有正爐媽、副爐媽、湄洲媽，以及赤足千里眼和順風耳神像，轎後有兩支「日」、「月」芭蕉傘，象徵天地間的陰陽能量。

覆頂文轎較重，拜廟時通常採前後三進三退的步伐致意，而大甲媽祖神轎卻有獨特的踏「大小禮」：首先，面向廟中央，向前直走三步一點，向左三步一點，再向右六步一點，回到中間一點，且皆以左腳起步。待神轎踏完大小禮後，迴轉倒著入廟，安置於長板凳上停駕或駐駕。

# 搶轎

搶轎，原指早期彰化南瑤媽前往笨港進香回程，行經雲林莿桐時，當地信徒爭相搶抬媽祖鑾轎入庄賜福。後來大甲媽進香，彰化村庄也曾發生角頭廟搶抬神轎的情況，以示實現對村民的承諾。

根據學者李豐楙的研究，台灣民間的搶轎習俗並非罕見，雖然名稱和方式稍有差別，目的都在透過「搶」而獲得靈氣、福氣。這類儀式性的「搶」俗，重點不在於物質本身的價值，而是經過神祇加持後的神聖性。因此每當媽祖進香需「搶香」，遶境後覆蓋在神轎上的織繡也有人搶取。

然而，根據嘉義新港奉天宮所保存的資料，南瑤宮停駕兩日有刈火儀式，其香火具有靈氣。某年進香回程行經雲林莿桐時，天色已暗，溪水驟漲，無法過河，於是就近在一片田地過夜，結果眾人踩踏後的泥濘田地竟然大豐收。從此南瑤媽路過雲林，庄廟紛紛前來搶轎駐駕，因而演變為儀式性的「搶轎」習俗。

# 壓轎金

民間信仰中，有許多物質透過與神祇的接觸、象徵或連結而神化，並產生靈力，壓轎金（或作「轎腳金」）就是其中之一。

壓轎金是在媽祖進香期間，每於神轎停駐供信徒參拜時，廟方會準備兩張長板凳，並於板凳上所放置的金紙，以便於神轎墊底，而不會直接和地面或長板凳接觸。金紙原是神祇的錢財，不具有靈性，卻因為神轎的擱置，間接與媽祖接觸，猶如經過加持，壓轎金因此具有靈力，也成了信徒爭相獲得的平安符。

# 回鑾

古代稱帝王與后妃的車駕為「鑾駕」，因此，帝后外出回返即為「回鑾」（或作「回駕」）；而媽祖貴為天后，出巡或進香後回返，當然也是回鑾。

文化部授證為國家「重要民俗」的台中鎮瀾宮大甲媽祖遶境進香，其「十大典禮」中就有「回駕典禮」。回駕典禮前，各式陣頭先在嘉義新港奉天宮的廟埕拜廟、表演，隨後鎮瀾宮人員恭請正副爐媽和湄洲媽至神案，其餘各路人員、藝陣和轎班在廟外待命。回駕典禮流程：誦讀回駕祝文、祭拜後，請媽祖登轎，待回駕時辰一到，鐘鼓齊鳴，轎班抬起神轎，進香隊伍隨神轎一起踏上回程歸途。

## 遊境與遶境

遊境，即本地的神明出外遊山玩水，拜訪其他神明，而信徒也跟著出去，參訪的廟宇不限於一間，而且與本地廟宇不必然有關聯，具有相當濃厚的傳統觀光旅遊性質。（若神明入廟參訪道友，則稱作「參香」。）

若是神明在其轄境內出巡，以驅逐邪煞、保護境內平安，稱作「遶境」、「巡境」或「巡庄」，有些文疏資料寫作「運境」或「運庄」，而台中新社九庄媽範圍內的庄民則稱為「遊庄」。

遶境是神明每年的「例行任務」，以擲筊方式請神明決定日期，通常是在神誕日當天或提前舉行；有時也配合進香活動，在進香隊伍回來時遶境。我常強調進香需包括遶境才算是完整的，因為經過香火更新儀式後，香擔或香爐內的香火特別興旺，在回到自家廟宇前，有必要讓轄域內居民分享，因此進香後的遶境具有香火均霑的意義。

# 紅壇

紅壇，有些地區稱作行台或行館，指臨時搭設的宮壇，請神祇進駐安座。對於沒有固定廟宇的雲林六房媽而言，紅壇猶如行宮。每年擲筊輪值搭建紅壇，將媽祖神像與相關器物移駕至新紅壇的「過爐」儀式，是涵蓋雲林斗南、斗六、虎尾、土庫以及嘉義溪口信仰圈裡的大事。

# 香燈腳

閩南語的「香燈腳」（也寫作「香丁腳」），意指徒步參與進香的信徒。

自古以來，「香」與「燈」是人們向神祇祈願的媒介，在民間信仰裡，信徒許願時往往會點上清香或燈火，祈求上達天聽。宗教文獻也留有諸多句子，例如：「一室香燈夢寢餘」以及「朔望有齋饌，晨夕有香燈，如士大夫之奉家廟」。而廟宇中掌管焚香、燃燈等差事的人，稱為「香燈」；此外，「香燈」又有薪火相傳的意義，因此，「香燈腳」一詞猶如「爐下善信」。

# 躦轎腳（躦轎底）

台灣媽祖信仰常見躦轎腳（底）的活動，通常是進香回鑾時最盛況，信徒跪伏在媽祖遶境的道路中央，讓神轎從身體上方越過，再起身向神轎拜，或是神轎停駐在定點時從轎底爬過，藉此祈福。

據說，躦轎腳原是一種還願的方式。信徒向媽祖許願應驗後，謙卑地以自己的身體當作為媽祖登轎的踏腳，酬謝神恩。隨著時代演進，躦轎腳變成一種祈求平安、祛災厄的儀式。因此，在傳統節日的廟會活動，或是媽祖遶境進香時，廟方都會開放讓信徒躦轎腳；甚至有家屬扶持病患或以輪椅推至轎底，轎班人員會將神轎高高撐起停留或親觸病患，為弱勢信徒賜福。

但是，鑽轎腳有些禁忌需注意：

一、神轎上有八卦，會傷及胎神，因此懷孕或生理期間的女性不宜參加；

二、需先脫帽、卸下背包和平安符，以示對媽祖或其他宮廟神祇的尊重；

三、手上不要拿香和進香旗，除了表示尊敬，也能避免發生意外；

四、神轎行經時不得起身，或是企圖碰觸神轎。

# 安符

安符，俗稱「釘符仔」，也稱「安青竹符」，通常在巡境時舉行，即在村庄的四個角落插上青竹，在竹上貼神符，此具有驅邪除煞的作用，以神明的靈力來排除可能侵入庄社的邪煞。

安符與「安五營」有異曲同工之妙。一般的說法是武神才需要安五營，媽祖應該是「文神」（虛擬的用法），自然比較少安五營。但，就我過去在高雄縣調查地方公廟時，發現整個高雄地區，不僅是媽祖廟，其他的地方公廟也大多行「釘符仔」的儀式，而少聽聞「安五營」的用法。

# 巡香案

巡香案，是指神輿陣頭經過境內各家各戶所擺設出來的香案前，與之交換香火，這是表現神與境內基本信眾的儀式關係，最具象徵意涵的活動。媽祖生日時在自己的轄境內巡境，一家巡過一家，神轎的香火還要與家宅的香火「交換香」（交香）。

# 吃拜拜

宗教性慶典（festival）通常伴隨著饗宴（feast），與媽祖有關祭祀活動，往往備有三牲酒醴、扮仙作戲，屬於神人同樂、共享，民眾也利用此機會與親朋好友互動聯繫，閩南語稱作「吃拜拜」。

以台中新社九庄媽為例，遊庄的同時，也會舉辦盛大的拜拜和宴客。進行田調時，老村長吳其潭向我表示，五、六十年前，村庄人口比較少，做九庄媽戲請客時，頭家爐主需到每戶人家裡「量米」煮飯，而宴客的菜餚就是將牲禮、筍干、酸菜干之類的材料煮一煮。當時連桌椅也沒有，直接用稻草稈或米篩鋪在地上，前來看戲的人就蹲在路旁吃了起來。後來才利用國小放寒假時，向學校借課桌椅來請客。

# 問輦仔

問輦仔，又稱「扛輦仔」，即用小小的木椅，左右橫綁上兩根竹竿，將神像置放在木椅上，於神前問事。以右前方竹子敲打桌面的方式，喻示神意。很多廟宇限制輦轎只能用來「問公事」，但也有不少廟宇於每日黃昏於村廟前「問輦仔」，或是有事要求問的信徒，便去請「法官仔」來主持「問輦仔」的儀式，先要「關輦仔」，神靈來降靈之後，信徒才一一求問。

# 扶鸞

鸞，原是古代神話的祥瑞之鳥，每與神祇或帝王的意象連結，因此「扶鸞」有傳達神諭之意。

扶鸞時，擔任正鸞（正乩）與副鸞（副乩）的兩個人分別握著「人」字形鸞筆（以桃木或柳枝製成）兩端，面對著神像，唸咒請鸞，直至正鸞的手開始抖動，在沙盤上寫出字，再由唱生（唱乩）讀出、錄生（錄乩）記錄。這是民間信仰中請示神祇的方法，也稱作扶乩、扶箕、揮鸞、拜鸞、降鸞、降筆、請仙等。有學者觀察發現，道教稱「鸞」而不稱「箕」，因此正統道藏沒有「乩」字或「扶箕」一詞。

在媽祖文化中，沒有主廟的雲林六房媽，曾經流傳降乩扶鸞，自稱「名為林美雲」；但近年其管理委員會則已推翻扶鸞傳說。

# 第四章／國家級・無形文化資產

擁有廣大信徒的媽祖信仰，在台海兩岸以及全世界，都具有影響力。因此，聯合國教科文組織二〇〇九年，將媽祖信仰列入「人類非物質文化遺產代表作名錄」。至於台灣方面，行政院文化部文化資產局與各地方政府依《文化資產保存法》，將與人民生活有關的傳統並有特殊文化意義的風俗、信仰、節慶、相關文物，經審查登錄為無形文化資產。目前已公告大甲媽祖遶境進香、北港朝天宮迓媽祖、白沙屯媽祖進香、雲林六房媽過爐，計四項與媽祖有關的「重要民俗」；另有彰化南瑤媽笨港進香、

中港慈裕宮洗港、府城迓媽祖、新社九庄媽遶境、萬和宮老二媽西屯省親遶境、安平迎媽祖上香山、同安寮十二庄迓媽祖、社頭枋橋頭七十二庄迓媽祖、廿四庄林祖姑天上聖母過爐、大庄媽北港進香回鑾遶境、林園鳳芸宮媽祖海巡等數十項「一般民俗」。

本章將簡介目前授證為國家重要民俗的媽祖信仰，活動名稱以官方登錄為主。

# 大甲媽祖遶境進香

獻敬會祖媽甲大宮元武州溪香參香
宮瀾鎮

# 大甲媽祖遶境進香

【登錄】台中市政府二〇〇八年、文化部二〇一〇年
【保存】財團法人台中市大甲鎮瀾宮
【時間】每年農曆元月十五日（元宵節）晚上擲筊擇期
【地點】大甲鎮瀾宮正殿：筊筶、豎旗、祈安、上轎、起駕、安座
（台中市大甲區順天路一五八號）
新港奉天宮正殿：駐駕、祈福、回駕；廟前廣場：祝壽
（嘉義縣新港鄉新民路五三號）

每年農曆三月，鎮瀾宮大甲媽往新港遶境進香，非但是全台最受矚目的民俗節慶，甚至與麥加朝聖、梵蒂岡耶誕夜彌撒並列「世界三大宗教活動」，得

以想見其影響範圍有多大！

遠自鎮瀾宮創建的清朝，分靈自湄洲朝天閣的大甲媽，便開始每隔十二年從大安港或溫寮港直駛，往祖廟進香；日治時期，進香活動因廢港以及日本政府嚴禁兩岸往來而停頓。後來，經常有牛販往返大甲與北港各牛墟，促進牛隻交易的經濟發展，民間便有祈神還願的需求，於是組團前往北港朝天宮刈火進香。其間也因戰爭而曾數年中止進香，至一九四八年起再度恢復。一九八八年，大甲媽改道新港奉天宮，將「謁祖進香」更名為「遶境進香」，象徵信仰圈的擴大；更隨著每年參與人數的攀升，而成為全國性的觀光活動，目前已獲文化部登錄為無形文化資產的「重要民俗」。

長達九天八夜的大甲媽遶境進香，路線橫跨台中、彰化、雲林、嘉義，往返里程超過三三〇公里。進香隊伍的各式陣頭宛如是融入台灣民俗文化的行動劇場，從報馬仔、繡旗隊、彌勒團、太子團、莊儀團，到開路鼓、哨角隊與馬頭鑼等，五花八門，在莊嚴中隱含著人對神的精神寄託，也呈現出民俗文化的生命力，既有熱鬧更有門道。例如：出身彰化的藝人任賢齊曾經全程參與遶境，拍攝、製作為紀錄片《媽祖迺台灣》，值得觀賞。

沿途有數十萬計的男女老少相互打氣，走完全程。除了媽祖信徒之外，還有許多來自國內外的年輕人，將大甲媽祖遶境進香當作壯遊地圖上的一角，透過九天八夜的巡禮，象徵追求信仰與自我。而進香隊伍所行經的村庄，民眾自發性地供應餐飲、盥洗或住宿，是對媽祖點滴之恩報以湧泉的虔誠，展現人與人之間最純粹的關照，堪稱「尚正港」的台灣人情味。

## 大甲媽祖進香祭典儀式

| 日期（農曆） | 祭典儀式 | 說明 |
| --- | --- | --- |
| 正月十五日 | 筊筶典禮 | 元宵節擲筊徵媽祖同意，擇定當年進香遶境的起駕時辰。 |
| 二月十九日 | 豎旗典禮 | 頭旗是遶境進香活動的指揮旗，由鎮瀾宮頭旗組、祭典組、報馬仔、誦經團等，於子時誦經，然後豎立頭旗，向三界昭告年度遶境進香行程正式展開。 |

| 日期（農曆） | 祭典儀式 | 說明 |
| --- | --- | --- |
| 進香前一天 | 祈安典禮 | 備妥各項祭品，以誦經、讀疏文，向媽祖稟告此回進香起駕時辰、參與人員、準備事項、沿途行程等相關事宜，祈求活動順利平安。 |
| | 上轎典禮 | 先行「淨轎」儀式，清淨神轎內外與相關法器，再由達官貴人將正爐媽、副爐媽、湄洲媽登上鑾轎，並祈求媽祖遶境賜福給沿途村庄。 |
| | 起駕典禮 | 按例在轎前焚香跪拜，恭請媽祖起駕並庇佑隨駕進香人員一路平安。待時辰一到，點燃三響「起馬炮」，廟內鐘、鼓、哨角齊鳴，轎班抬起媽祖神轎，報馬仔先行，進香隊伍正式出發，前往新港進香。 |
| 第一天 | 大甲↓彰化 | 廟埕陣頭匯演、水尾橋送出城、大甲溪橋高空煙火、彰化市區迎駕炮陣、民生地下道迎駕、駐駕南瑤宮。 |
| 第二天 | 彰化↓西螺 | 東螺天后宮古禮迎駕、西螺大橋陣頭接駕。 |

| 日期（農曆） | 祭典儀式 | 說　明 |
| --- | --- | --- |
| 第三天 | 西螺↓新港 | 吳厝徹夜演戲、新港藝陣大集合。 |
| 第四天 | 駐駕典禮 | 抵達新港，半夜進入奉天宮後，恭請媽祖離轎登殿安座，備妥各項祭品，由鎮瀾宮董監事率隨香眾人誦經、讀疏文，祈求媽祖賜福解厄。 |
| | 祈福典禮 | 凌晨五時，於奉天宮大殿誦經、獻疏文，祈求媽祖賜福所有在鎮瀾宮點燈、拜斗、安太歲的爐下眾弟子。 |
| | 祝壽典禮 | 上午八時，鎮瀾宮董事率領眾人齊聚奉天宮大殿，恭讀〈祝天上聖母壽誕祝文〉，行三跪九叩禮，誦經、獻疏文與供品，為媽祖祝壽。對進香成員來說，途中所遵守的茹素規定，在典禮後即可「開葷」，而進香團隊與隨香客也可入廟參拜。 |
| | 回駕典禮 | 恭讀回駕祝文後，恭請媽祖登轎回鎮瀾宮，祈求媽祖庇佑眾人平安踏上歸途。 |

| 日期（農曆） | 祭典儀式 | 說明 |
|---|---|---|
| 第五天 | 新港↓西螺 | 午夜回駕、西螺福興宮老街迎媽祖。 |
| 第六天 | 西螺↓北斗 | 為回報北斗人仗義協助進香團食宿問題，而增加回程駐駕北斗奠安宮。 |
| 第七天 | 北斗↓彰化 | 炮仗攔轎、永靖掌聲部隊接媽祖。 |
| 第八天 | 彰化↓清水 | 為回應沿途宮廟與民眾的熱烈歡迎，鎮瀾宮擲筊請示媽祖，將進香活動擴增為九天八夜，而增加回程駐駕清水朝興宮。 |
| 第九天上午 | 清水↓大甲 | 獻香儀式、遊四城門，在大甲市區遶境踩街。 |
| 第九天晚上 | 安座典禮 | 返回鎮瀾宮，舉行登殿安座典禮，叩謝媽祖庇佑活動圓滿達成，並祈求風調雨順、國泰民安。 |

# 民俗活動相關禁忌

一、參與者必須「潔淨」，舉凡有帶孝、見刺（見到入殮屍體）、坐月子、進入月房的狀況，不宜參加。

二、在某些活動的過程中必須茹素，例如：大甲媽祖進香的去程。

三、進香前，焚香進行隨身衣物、用品和車輛的「淨化」儀式。以大甲媽祖進香為例，第一次參與者，需在祝壽大典時穿著全套新衣（含內衣褲），以示隆重。

四、進香期間嚴禁任意碰觸神轎與各種法器，例如：頭旗、香擔。（文昌筆例外。）

五、行進時，不得從陣頭中間穿越，造成「破陣」。

六、若是穿「號褂」的人，不能在「號褂」之上加穿其他衣物，也不能穿號褂如廁。

七、躦轎腳（躦轎底）時，必須脫帽，且不能拿著香和進香旗，以免碰撞神轎。

八、保持虔誠的心，非禮勿視、非禮勿言、非禮勿動。

聖母千秋
朝天宮

北港朝天宮迓媽祖

# 北港朝天宮迓媽祖

【登錄】雲林縣政府二〇〇八年、文化部二〇一〇年
【保存】財團法人北港朝天宮
【時間】每年農曆三月十九至二十日
【地點】顏思齊開拓台灣紀念碑：鞭炮炸轎（雲林縣北港鎮民主路圓環）
北港朝天宮廟埕：施放犁炮（雲林縣北港鎮中山路一七八號）

全台農曆三月瘄媽祖，擁有三百多年歷史的北港朝天宮，自然也是熱鬧滾滾。

早年，朝天宮每年分別於元宵節和媽祖生前夕舉辦兩度迓媽祖。據傳，是為紀念樹璧和尚奉請湄洲媽祖來台之日。清初海禁開放後，笨港人於農曆二、三月，渡海到湄洲祖廟謁祖進香，回程從台南安平登陸，循陸路經永康、新市、

善化、麻豆、下營、鹽水、朴子，一路北上，剛好於三月十九日返回笨港，舉行祈安遶境。日治時期渡海進香被迫中斷，朝天宮仍例行迓媽祖，祈求風調雨順、國泰民安。至一九五五年，朝天宮縮小正月祭典，將三月迓媽祖擴大為兩天。

朝天宮於農曆三月十九日早上點燃起馬炮後，北港媽鑾駕出巡，前鋒太子爺、虎爺等神祇伴隨遶境，以及陣頭、藝閣、花車等各種表演隊伍綿延數公里。其中，真人藝閣更是北港的特色：各鄉里團體紛紛出資，請兒童穿著古裝，扮演神話或民間故事的角色，坐在藝閣上遊行，沿途分撒平安糖。

而沿途大街小巷的家戶備好香案、鮮果和金爐，歡喜迓媽祖。到了夜晚，繼續以「辦桌」方式，邀請遠方親友一同慶賀媽祖生。對北港人來說，這就像第二個過年一樣隆重，鞭炮聲轟隆隆，越炸越發，不絕於耳。因此，北港朝天宮迓媽祖與台東炸寒單、台南鹽水蜂炮合稱「台灣三大炮」。俗話說：「北港炮，新塭金。」代表著鞭炮對北港人的特殊意義；也因為多數北港人從小參與迓媽祖，早已習慣如雷的鞭炮聲，而有「北港囝仔毋驚炮」之說。

## 北港迓媽祖祭典儀式

| 日期（農曆） | 祭典儀式 | 說　明 |
|---|---|---|
| 三月十九日 | 起駕典禮 | 上午八時，由廟方帶領與祭者向正殿媽祖行上香禮，再請法師誦經祈福。接著在廟內鐘鼓齊鳴下，恭請媽祖登轎。 |
| 三月十九日 | 媽祖遶境 | 連續兩日遶行北港地區。 |
| 三月二十日 | 下馬 | 陣頭需回朝天宮向媽祖報告任務完成。 |

## 犁炮炸轎

鞭炮是北港迓媽祖的重頭戲，計有犁炮、堆炮、網炮三種，其中以犁炮最為特別，被列入「台灣三大炮」。

犁炮是將犁頭生（鐵片）拆下，放在炭火上燒紅後，用來引燃成串鞭炮，直接丟向神轎底，相較於用香點燃，更為快速，而且威力十足，成為朝天宮廟埕廣場最具特色的活動。

眾神轎之中，又以虎爺吃炮最猛。傳說，虎爺喜歡吃炮，而且會咬錢。因此遶境時，信眾會用大量鞭炮轟炸虎爺轎，祈求帶來興旺的運勢。虎爺轎班身著黃色虎紋衣、頭綁黃布條，其轎俗稱「半頂轎」，造形近似日式神輿，與一般文轎的風格極為不同。

# 白沙屯媽祖進香

# 白沙屯媽祖進香

【登錄】苗栗縣政府二〇〇八年、文化部二〇一〇年
【保存】白沙屯拱天宮管理委員會
【時間】每年農曆十二月十五日擲筊擇期
【地點】白沙屯拱天宮正殿：起駕、入廟（苗栗縣通霄鎮白東里二鄰八號）
北港朝天宮正殿：回鑾日舉行刈火（雲林縣北港鎮中山路一七八號）
秋茂園：換轎（苗栗縣通霄鎮通灣里二〇之一號）

白沙屯拱天宮媽祖前往北港朝天宮進香的年代甚為久遠。據地方耆老表示，建廟前庄民即已組團前往北港，推測白沙屯媽祖進香應有一百五十年以上的歷史。

台灣媽祖廟的香火來源多是分靈自移民者的原鄉，普遍具有「過鹹水」之海的意象。因此，若資金充裕的廟宇往往會定期返回祖廟，補充靈力。或許因為白沙屯處在相對偏遠之地，早年物質條件有限，庄民無力負擔跨海進香的龐大經費，而選擇前往香火興盛且歷史更悠久的朝天宮。

白沙屯媽祖進香的傳統，堅持步行朝訪，從苗栗通霄到雲林北港，一路越跨大安溪、大甲溪、大肚溪、濁水溪等，兩地來回將近四百公里。而白沙屯媽祖進香的最大特色就是沒有固定行程表，從擲筊擇期到放頭旗、登轎、出發、進火、回宮、開爐的時辰，以及路線、停駕或駐駕地點，皆以媽祖的旨意為依歸。媽祖透過鑾轎上下、前後、頓促或拉回的「行轎」動作，引隊前進。若媽祖變更方向，前導隊伍必須秉持「只前進不後退」的原則，繞道遠路，再回到進香隊伍的前哨。因此，全程充滿變數。

對白沙屯子弟而言，跟著媽祖徒步進香，既是祈福之旅，更像以苦行的方式完成成年禮。男子服兵役前，家人向媽祖祈求庇佑，待平安退伍後，透過徒步進香，答謝福蔭；而女子則在婚嫁前，隨著長輩徒步進香，體會家鄉與媽祖間的深厚情感。

# 白沙屯媽祖進香祭典儀式

| 日期（農曆） | 祭典儀式 | 說　明 |
| --- | --- | --- |
| 十二月十五日 | 擇日與準備 | 依循舊例，於農曆十二月十五日由爐主擲筊，擇定次年進香日期，以及起駕、刈火、回宮的時辰。 |
| 出發前三日 | 放頭旗、犒軍 | 豎立代表領隊的頭旗，並犒賞慰勞隨行的神兵神將。 |
| 出發當日 | 起駕典禮 | 在出發前夕，後龍山邊媽已至拱天宮會合。起駕前，女性信徒先為媽祖神像沐浴更衣。儀式開始時，恭請媽祖與山邊媽登轎安座，行轎至前庭等待出發。各地陣頭、廟宇皆來送行，待時辰一到，神轎在廟口三進三退，頭旗衝出廟門，神轎在層層人潮的簇擁下朝北港出發。 |
| 抵達北港 | 駐駕朝天宮 | 經過多日跋涉抵達北港近郊，依例在新街里北辰派出所停駕，集結後，遊行到達朝天宮。信徒高喊：「進喔！進喔！」神轎三進三退後進入朝天宮大殿安座。 |

| 日期（農曆） | 祭典儀式 | 說　明 |
| --- | --- | --- |
| 駐駕北港 | 拜天公 | 駐駕後，信徒清潔沐浴，換上乾淨衣物後，齊聚朝天宮，舉行祭天儀式（俗稱「拜天公」），答謝上蒼與媽祖庇佑。 |
| 回宮當日 | 刈火儀式 | 凌晨時，朝天宮住持法師主持刈火儀式，在正殿朗讀參與進香人員名冊，以宮內終年不滅的光明燈引燃金紙到萬年香火爐中，誦念經文、恭讀吉祥文疏，祈求媽祖慈悲庇佑植福，再以火杓掏舀三匙火苗至白沙屯火缸，送入香擔，待住持法師在香擔貼封條後，一路上引回白沙屯，不得熄滅。透過火苗遞引，象徵媽祖的靈力相傳，永不退轉。 |
| 回宮當日 | 回鑾換轎 | 前一日在通霄灣集結，回宮當日至秋茂園旁，按慣例換乘八人抬的大轎。沿途家戶準備飯菜或點心，慰勞辛苦的香丁腳。回宮時辰一到，頭旗香擔先衝入拱天宮，神轎接著在「進喔！進喔！」的聲浪裡入廟。隨後關廟門，請出媽祖安座，放下神龕紅色布幔。 |

| 日期（農曆） | 祭典儀式 | 說　明 |
| --- | --- | --- |
| 回宮次日 | 黑面二媽遊庄、安五營 | 隔日，拱天宮黑面二媽遊庄遶境，在報馬仔、頭旗、陣頭、輦轎仔與各角頭神轎跟隨下，巡視庄內大街小巷，然後舉行放兵儀式，安置五營旗，象徵分派神兵神將鎮守，護佑境內平安。 |
| 回宮十二日後 | 開爐與收旗 | 媽祖回宮十二天後，拱天宮舉行祭拜儀式，將紅色簾幔重新掀開，自神房中取出北港的香火，分別加入各殿的香爐，稱為「開爐」。開爐後，將進香使用的火缸和頭旗再度收入神房。信徒食用湯圓，象徵活動圓滿落幕。 |

## 秋茂園換轎

回鑾當日，白沙屯媽與山邊媽共乘的神轎先行至新埔秋茂園前空地，進行「換轎」儀式。由報馬仔誦讀祝禱文，恭請媽祖從四人扛的輕便轎，換乘華麗的八抬大轎；而山邊媽也轉乘自己的轎子，各自回宮。因為白沙屯媽進香路線不固定，所以報馬仔不需參與北港進香，僅在換轎時現身，以及通報村民媽祖返鄉的消息。

此外，在北港朝天宮完成刈火儀式後，會蓋下神轎的布幕，象徵媽祖香火靈力完整。換句話說，換轎是白沙屯媽回程第一次露臉，現場信眾無不爭睹。而且，此時是白沙屯信仰圈參拜媽祖的頭香，輪值頭香的村庄，需派兩名男丁手持「頭香燈」站在轎旁，其他庄民跪地祭拜，代表取得頭香。

# 雲林六房媽過爐

天上聖母紅壇
六房天上聖母
安溪中軍班
安

# 雲林六房媽過爐

【登錄】雲林縣政府二〇一三年、文化部二〇一七年
【保存】中華民國六房媽會
【時間】每年農曆四月初十至十六之間（擲筊決定）
【地點】雲林斗六、斗南、虎尾、土庫、大埤境內

雲林六房媽是全台灣少數沒有主廟的信仰，每年由五股三十五庄輪流祭祀，傳承至今超過三百六十年。五股，指大北勢股（斗六）、過溪股（虎尾）、斗南股（斗南）、土庫股（土庫）、五間厝股（大埤），是祭祀組織的核心，依序輪值，於每年農曆四月中旬擇期更換祭祀；而股內順序則為各庄彼此協調。

輪到主辦祭祀的庄頭，依流程選出「爐主」，新爐主負責搭建供奉六房媽

的紅壇，並且安排來年的祭祀事宜。將六房媽正駕、六尊副駕，以及配祀的文將、武將、千里眼、順風耳神像，連同相關器物，搬遷至新紅壇，完成前後任爐主的交接，稱為「過爐」。

過爐慶典同樣有遶境活動，隊伍包括：擔任神轎護衛的中軍班、打頭陣的四大將、路關牌，其後是各庄的陣頭，以及自願擔花、擔燈、擔香擔的徒步信徒。擔花為祈求財富、姻緣和女兒；擔燈是添丁求子；擔香擔則沿途以淨香供養諸神。

輪值股庄民（稱作「分旗腳」），他們不參與遶境，而是忙著準備食物宴請眾人。當地人們相信有六房媽的坐鎮，此年必定作物豐收，衣食無缺。因為每年請客的庄頭不同，在人數眾多且沒有通訊設備的年代，接待遶境人員的鄰里長就用陣頭隊伍的頭旗，分辨來者的庄頭與村廟主神，所以稱為「接頭旗」。

雲林六房媽過爐的輪值祭祀制度，保留許多台灣傳統古禮，形成地方特有信仰文化，經文化部登錄為重要民俗。

# 雲林六房媽過爐儀式

| 日期（農曆） | 祭典儀式 | 說明 |
|---|---|---|
| 前一年的農曆二月第二個星期六或日 | 擲筊選爐主 | 輪到主辦六房媽祭祀事宜的庄頭，需於過爐前一年的農曆二月第二個星期六或日，擲筊選新爐主，新爐主必須負責安排過爐的相關程序。 |
| | 任務分配 | 六房媽會與值年爐主召開會議，進行任務分配，包括：協調過爐遶境路線、公廟的參神儀典與爐主交接儀典。豎立代表領隊的頭旗，並犒賞慰勞隨行的神兵神將。 |
| 農曆四月初 | 臨時紅壇搭建 | 過爐日前一週，搭建臨時安座供信徒參拜祈福的紅壇。 |

| 日期（農曆） | 祭典儀式 | 說明 |
| --- | --- | --- |
| 過爐日 | 徒步遶境 | 起駕前一小時，新舊值年爐主辦理移交。神轎與信徒自舊紅壇出發前往新建紅壇，遶境隊伍由四大將公擔任開路先峰，各股陣頭或信徒依輪值先後順序緊跟在後。 |
| | 安座儀典 | 神轎抵達紅壇後，進行安座儀典。 |

## 六房媽身世

關於「六房媽」的身世，有不同說法：

第一是林默娘。林默娘是莆田九牧林氏第六房子孫，世系其他各房後裔皆稱之「六房老姑婆」，即「六房媽」之稱的由此。大北勢林姓家族為莆田九牧林氏一支，三百多年前移居台灣時，奉請「六房老姑婆」護佑，因兄弟分居各地，而發展出輪流駐駕的模式。其後因靈驗事蹟不斷，鄰近居民開始虔誠信仰，六房媽逐漸從林姓「家族神」演變為五股三十四庄頭的「地方神」。

第二是林美雲。根據《六房天上聖母史蹟》記載，六房媽名為林美雲，父親是明朝州醫吏，世居廣東海豐林家村。她八歲隨父行醫，受教醫理，給人排難解紛；雖於十九歲遭害死而志不移，經常返故里顯異救危。因受玉帝命為天上聖母，現形指點林家兄弟雕刻形像。林家五兄弟與一堂兄偕同聖母金身來台，定居斗南他里霧「太高媽崙子」。爾後兄弟分散各地發展，聖母金身也就由六房子孫輪流奉祀。

兩種說法雖然稍有差異，而相似之處是，媽祖原來是由六位從大陸移居台灣的兄弟同祀，後來才漸漸成為各庄頭居民的共同信仰。但更多人認為，媽祖就是林默娘，其餘以乩童扶鸞所寫出來的「林美雲」、「林金粥」等不同版本，並未獲得各股信徒的採信。

# 第五章／台灣著名媽祖廟

媽祖信仰遍布全世界，幾乎可說，有華人居留的地方就有媽祖廟的影蹤。在台灣，媽祖是民間信仰中的第一女神，祂隨著先民飄洋過海，從港口漸往平原、內山拓墾，落地生根，甚至將某些信仰的內涵，再「回傳」到中國。

以下是台灣各地列為「古蹟」的著名媽祖廟，創廟緣起與沿革往往與當地開發史密不可分。

# 台灣著名媽祖廟

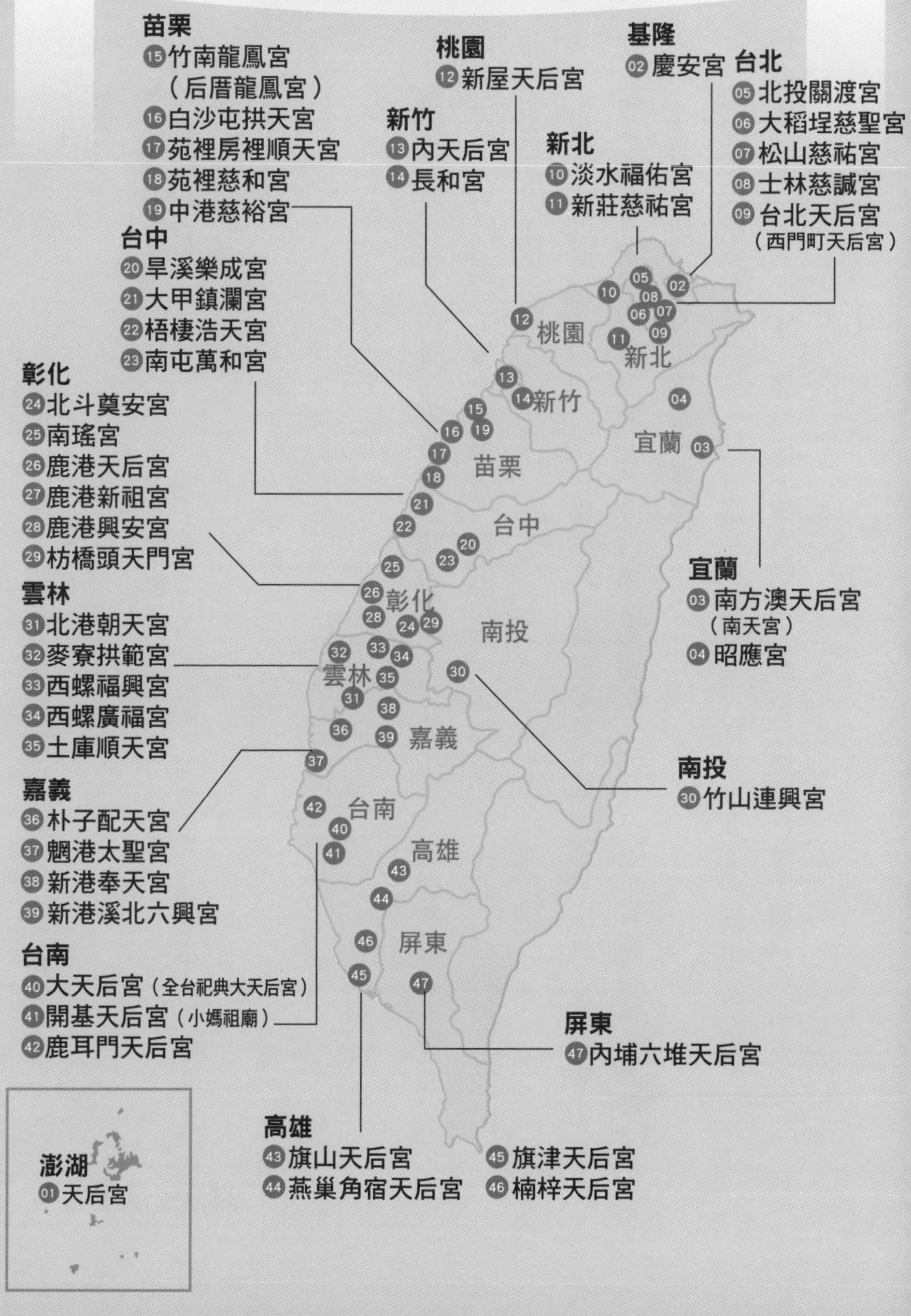
苗栗
⑮竹南龍鳳宮
（后厝龍鳳宮）
⑯白沙屯拱天宮
⑰苑裡房裡順天宮
⑱苑裡慈和宮
⑲中港慈裕宮
桃園
⑫新屋天后宮
新竹
⑬內天后宮
⑭長和宮
基隆
02慶安宮
新北
⑩淡水福佑宮
⑪新莊慈祐宮
台北
05北投關渡宮
06大稻埕慈聖宮
07松山慈祐宮
08士林慈諴宮
09台北天后宮
（西門町天后宮）
台中
⑳旱溪樂成宮
㉑大甲鎮瀾宮
㉒梧棲浩天宮
㉓南屯萬和宮
彰化
㉔北斗奠安宮
㉕南瑤宮
㉖鹿港天后宮
㉗鹿港新祖宮
㉘鹿港興安宮
㉙枋橋頭天門宮
雲林
㉛北港朝天宮
㉜麥寮拱範宮
㉝西螺福興宮
㉞西螺廣福宮
㉟土庫順天宮
嘉義
㊱朴子配天宮
㊲魍港太聖宮
㊳新港奉天宮
㊴新港溪北六興宮
台南
㊵大天后宮（全台祀典大天后宮）
㊶開基天后宮（小媽祖廟）
㊷鹿耳門天后宮
宜蘭
03南方澳天后宮
（南天宮）
04昭應宮
南投
㉚竹山連興宮
屏東
㊼內埔六堆天后宮
高雄
㊸旗山天后宮
㊹燕巢角宿天后宮
㊺旗津天后宮
㊻楠梓天后宮
澎湖
01天后宮
桃園
新竹
新北
宜蘭
苗栗
台中
彰化
南投
雲林
嘉義
台南
高雄
屏東

# 01 澎湖

# 天后宮

**現址**
澎湖縣馬公市正義街一號

**特色**
台灣最早的媽祖廟，列為國定一級古蹟。

澎湖天后宮是全台灣歷史最悠久的媽祖廟，其創建年代有許多說法，從廟內的「沈有容諭退紅毛番韋麻郎等」花崗石碑，足以證明它遠在大航海時代之前的明朝就已經存在了。

相傳，元世祖忽必烈一二八〇年派兵征伐日本時，途中遭遇颱風，官兵漂散，他夢見媽祖顯靈救援，眾人才得以登陸澎湖嶼。因此在隔年封媽祖為「天妃」，立有天妃宮，且設置澎湖寨巡檢司。

民間稱天妃宮為媽祖宮，另有娘宮、娘媽宮等稱法。在從前既是廟名也是地名。到了一五六三年，與戚繼光齊名的俞大猷平定倭寇侵擾，擴建媽祖宮。

另有一說，日本在一五九二年侵襲中國沿海與澎湖，朝廷派兵圍剿，獲得勝利，人們歸功於媽祖神佑，因此重建媽祖宮。後來，俞咨皋從荷蘭人手中收復澎湖，再將媽祖宮改建為現今樣貌。

清康熙年間，福建水師提督施琅在澎湖海戰中擊敗明鄭水軍，他認為是媽祖顯靈相助，奏請皇帝加封。皇帝准奏，封媽祖為「天后」，自此，媽祖宮又稱「天后宮」，地名則從「娘宮」改為「媽宮」。直至日治時期，將「媽宮澳」更名「馬公街」，是澎湖「馬公」之名的由來。四、五百年來，媽祖成了澎湖的信仰中心，護佑著漁民船隻出海平安。天后宮既是馬公的著名地標，更是歷史的見證。

澎湖天后宮的正殿居中供奉著大媽，二媽、三媽則分祀左右，神龕中還有千里眼與順風耳。與台灣多數的媽祖神像相同，澎湖媽也是身穿蟒袍，採坐姿，雙目下視，神情和藹，但金面卻是澎湖媽所獨有——有人主張此為早年由官方祭祀之故。

一九八〇年代開始，澎湖天后宮發展出媽祖海上遶境的活動，以漁船為交通工具，載著媽祖遶巡各個港口、海域和主要島嶼，祈求媽祖保護漁村出海平安，漁獲豐富。遶境首日調請五營兵馬，祭江除煞；待海上遶境結束，再接媽祖上岸遶境。

另一項澎湖盛行的民俗活動：乞龜，每年元宵節，廟方推出用糯米粉加糖製成肪片龜，供人擲筊，請媽祖賜予信徒回家祭拜食用，隔年謝恩歸還，象徵「平安歸」之意。

此外，被列入國定古蹟的天后宮，就像一座藝術寶庫，從建築樣貌到擂金畫、石雕、木雕、鑿花與彩繪，充分展現民間藝術的生命力，值得玩味。

# 02基隆
# 慶安宮

**現址**
基隆市仁愛區忠二路一號

**特色**
湄洲媽、泉州媽、漳州媽，三媽同奉全台僅見。

毗鄰基隆港，坐落於鬧市之中的慶安宮，歷史可溯至清乾隆四十五年（一七八〇）。

漳州移民為求出航與漁撈順利平安，於基隆港西岸的牛稠港虎仔山畔創建小廟，祀奉天上聖母。隨著漳州移民日增，居民往基隆港南岸崁仔頂一帶聚集成市，而有建廟之需，而後嘉慶二十年（一八一五）內湖庄人何士蘭捐獻位於石硬港（旭川河）西側之地建廟，即為慶安宮今址。

慶安宮於雞籠中元祭扮演相當重要的角色，農曆七月一日於老大公廟開龕門開啟普渡活動後，七月十二日先由慶安宮分送「七月燈」給各姓氏宗親，將燈放在門口或街路口，以在夜間引導鬼魂遊路。「迎斗燈」儀式亦在慶安宮舉行，此儀式由信眾準備陣頭為前導，再由各姓氏組成單位迎接斗燈遶境求平安，遶境結束後就將這些斗燈送到慶安宮安奉。次日，在慶安宮前「豎燈篙」，召告孤魂野鬼前來享用各界所供奉的各式祭品。

慶安宮原有湄洲媽，二〇〇四年信徒從泉州迎回泉州媽，次年從漳州迎回漳州媽；三媽同奉的現象不僅只是全台僅見，更象徵著昔日漳泉械鬥的和解。

03宜蘭

# 南方澳天后宮（南天宮）

**現址** 宜蘭縣蘇澳鎮江夏路一七號

**特色** 打造金媽祖與玉媽祖。

濱臨太平洋的南方澳，居民多以捕魚為業。據傳，一九四六年農曆三月二十三日，漁民出海作業時，突遇狂風駭浪，狀況危急時，眾人默祈媽祖顯靈相救，忽然海面風平浪靜，光芒萬丈，待平安返家後，將媽祖神威傳為美談。

因感念媽祖庇佑，鄉紳於一九五〇年歲末，發起興建南天宮的籌劃。原意到北港朝天宮分靈，但媽祖顯靈指示向天庭請神，信眾遂到後山取材大樟樹雕刻神像，成為南天宮媽祖。歷時六年，全廟落成，成為南方澳地區居民信仰生活的重心。

值得一提的是，南天宮除了原有靈驗的鎮殿媽之外，也擁有著台海兩岸尚未開放交流時，首度獲得政府破例「宗教直航」，遠從福建來台安座的湄洲媽；另外，更有以重達兩百零三點八公斤純金打造的金身媽祖，以及，遠從加拿大取得超過二十公噸重玉礦原石所雕塑的玉身媽祖，皆足以稱為世界獨有。

## 04 宜蘭

# 昭應宮

**現址**
宜蘭縣宜蘭市中山路三段一〇六號

**特色**
全台唯一不面海的媽祖廟。

昭應宮位於宜蘭古城中心，自清嘉慶十三年（一八〇八）居民集資建廟以來，既是當地信仰核心，也成為官府公告、民間聚會的重要據點，至日治時期的文化協會與民眾黨一度利用廟前廣場舉辦講座，宣揚民主思潮，蔣渭水則在後殿設立「讀報社」。

而今已有超過兩百年歷史的昭應宮，初建時坐西朝東，面向大海，依循媽祖廟面海庇護海上生靈的傳統。嘉慶將宜蘭納入清廷版圖，命台灣知府楊廷理撥款整修昭應宮，成為官祀廟宇，至今廟中仍保存著楊廷理當年贈與的木製古香爐。到了道光十四年（一八三四），宜蘭發展興盛，居民原打算擴建昭應宮，因命理師建議易向為坐東朝西，有助蘭陽子弟「科甲聯登」，因此拆除原址改建為戲台，並在對面重新建造新廟，成為全台唯一面山不面海的媽祖廟。

日治時期（一九三二年），昭應宮因為年久損壞，再度整修，將前殿至正殿兩側改以紅磚組砌，內牆貼三○年代盛行的白瓷磚，鋪換屋瓦，其餘木雕、石柱、石雕和門窗等則保留道光時期的原始物件，是目前台灣少數清代廟宇之一。

第二次世界大戰，美軍空襲宜蘭，炸毀昭應宮後殿木造閣樓，損毀部分文物與建築；直至一九六三年

地方仕紳發起集資重建。隨著時代變遷，舊戲台已改建為商店，後殿建築也改以水泥施作。因此，內政部核定時，僅將道光年間的前殿與正殿列為古蹟。儘管如此，廟中精彩的木雕與石雕，依舊教人嘆為觀止，而昭應宮也見證了宜蘭不同時期的發展。

05台北

# 北投關渡宮

現址
台北市北投區知行路三六〇號

特色
為北台灣最大的媽祖信仰中心。

關渡宮是北台灣最古老的媽祖廟，民間諺語「南笨港，北干豆」，即是推崇清代的笨港天后宮與關渡宮。

關渡宮的創建有兩種說法：其一是一六六一年（清順治時），石興和尚渡海來台所創，但該年鄭成功揮軍登陸台南鹿耳門，且淡水地區仍被荷蘭人統治，當時清廷頒行「遷界令」：「片板不許下水，粒貨不許越疆，沿海二十華里內居民，悉數遷入內地，立石築垣為界，違者以通賊論，處斬。」所以石興和尚能通過清軍沿海的戒令，登陸紅毛人統治的港口，而且在平埔族人的山頭創建媽祖廟，此說不無可疑。

另一說是創建於康熙五十一年（一七一二），雞籠通事賴科初闢北投庄時，與福建來台的墾民一起興建，受限於當時的社會環境與物資匱乏，僅以茅草為屋頂，因陋就簡。草創三年後，重新改建成木構瓦頂，此事於《諸羅縣志》亦有記載，並提到廟匾「靈山」。後來，關渡宮數度移建，一八九七年才遷到現址。

關渡宮開基正二媽的神像由來，根據傳說，原本是清代時奉祀於往來福建和台灣的帆船上。在一次颱風中，商船翻覆，神像漂流至淡水河邊，被林姓農民發現，因此引起

關渡、北投、石牌、唭哩岸四大庄居民的關切，最後決定暫時奉祀在唭哩岸慈生宮（五穀先帝廟）。某夜，媽祖託夢於鄉紳，說已親自選定廟址，要求其籌建興宇；村民隔天發現媽祖已不在慈生宮，四天後才在關渡宮現址找到神像，於是居民便在此建廟。因為這則傳說，慈生宮與干豆媽有了特別的關係，每年到關渡宮請媽祖並不需要掛單預約，而「依年例」保留幾天給慈生宮，其他寺廟則要在農曆年底就前來掛單登記。

北台灣各地有迎請關渡媽作客的習俗與傳統，甚至擴展到中南部，關渡宮以開基大媽和開基軟身二媽最為靈驗，為各地信徒爭相迎請巡庄遶境。

關於關渡媽，請另參見〈關渡媽祖的信仰圈〉，有更詳細的田調資料與分析。

## 06台北

# 大稻埕慈聖宮

**現址** 台北市大同區保安街四十九巷十七號

**特色** 廟前小吃攤遠近馳名。

嘉慶年間，泉州同安商人為祈航海平安，從福建分靈請來媽祖神像，供奉於艋舺八甲庄。咸豐三年（一八五三）頂下郊拚，同安移民舉族遷居大稻埕，也將媽祖神像一同攜往，首領林佑藻在咸豐五年（一八五五）籌建媽祖廟。同治三年（一八六四）初建，又稱「大稻埕媽祖宮」、「稻江媽祖宮」。

正門對聯寫著：「第一門開觀音山拱秀，數千艇聚奎府水流輝」，點出慈聖宮位址今昔之變遷。慈聖宮原本建於今日的西寧北路和民生西路交界處，廟前正是貿易對渡碼頭，可望由南向北流的淡水河岸，而八里的觀音山就橫亙在慈聖宮右前方。

此地早期的建街發展，即與此廟跟大稻埕霞海城隍廟息息相關。廟前龍柱、石碑、基地石材和雕花大樑均出自廈門港，由同安師傅雕刻。當時廟後有一口俗稱「小劍潭」的水井，傳言為鄭成功拔劍刺地得到的劍泉，並有「汲井可受福」五字匾，及相傳由藍鼎元鐫記的勒文。

一九一〇年日本政府實施市區改正，拆除廟宇，當地同安人士集資遷移至延平北路現址，並利用原始的樑柱與石材重建廟寺，一九一四年重建完成，原貌保存至今。

# 07台北
# 松山慈祐宮

**現址**
台北市松山區八德路四段七六一號

**特色**
配祀十三位婆姐。

慈祐宮原名「錫口媽祖宮」（松山舊名錫口），是松山一帶發展的起源地。

話說，清乾隆時有個福建泉州的行腳和尚，俗名林守義、法號衡真，自湄洲攜奉媽祖分靈金身各地雲遊。某天，渡海來台，經滬尾（淡水舊名）登陸後，沿途托缽化緣，行抵錫口創設崇奉，當地許多泉州同鄉皆為媽祖的虔誠信徒，因此響應他的善行，群起倡議立廟奉祀。經過居民十餘載的集資，從福建採購建材，一七五三年開始興建，歷時四年完竣。從此確立媽祖宮為當時錫口十三街庄的精神皈依之所。

主祀媽祖的慈祐宮，左廂副祀註生娘娘、配祀十二婆姐，值得一提的，這裡的婆姐有十三位，多了一位杜玉娘。據傳，祂生前是產婆，幫人接生，從來不收取分文。居民感懷祂的義行，為其塑像，與婆姐一起接受香火，成為慈祐宮的特色。

隨著移民擴充、社會進步，慈祐宮香火日盛，十三街庄各自成立神明會，爐主於農曆四月輪流迎接「副媽」到家中坐鎮，保佑庄內風調雨順，平安順遂。媽祖過爐的活動越辦越盛大，後來演變成熱鬧的「松山迎媽祖」。

# 十二婆姐

台灣媽祖廟常見副祀註生媽（註生娘娘），以祈求婦女生產過程順遂平安。註生媽底下又配祀不少「婆姐」，又稱「延女」或「保母」、「鳥母」。婆姐通常是抱著嬰孩的造型，每個嬰孩有好有壞，就像生兒育女也有賢與不肖之別，全依因果而定。各地廟宇的婆姐數目稍有不同，在台灣以十二位居多，而福州的註生娘娘廟甚至有三十六位。

十二位婆姐的身分也有不同說法，以下一種則提到各自執行的任務，分別是：註生婆陳四娘、註胎婆葛四娘、監生婆阮三娘、抱送婆曾生娘、守胎婆林九娘、轉生婆李大娘、護產婆許大娘、註男女婆劉七娘、送子婆馬五娘、安胎婆林一娘、養生婆高四娘、抱子婆卓五娘。

08台北

# 士林慈誠宮

**現址**
台北市士林區大南路八四號

**特色**
全台少數的金面媽祖。

慈誠宮前身為業主何錦堂於清嘉慶元年（一七九六）獻地所建的「芝蘭街天后宮」。至咸豐九年（一八五九），漳、泉械鬥激烈，芝蘭街遭焚毀，天后宮付之一炬。縉紳潘永清力主遷地另建，獲得多數居民贊同，於是選在下樹林處建設新街，而街區中央是現今慈誠宮所在地。

儘管年代久遠，慈誠宮歷經多次翻修，仍留有古意，是目前台北市唯一於正前方保有三座精緻戲台的廟宇建築，廟前的青石地鋪則綿延至戲台下，氣度恢宏，列為國家三級古蹟。

慈誠宮的鎮殿媽祖，以及千里眼、順風耳等泥塑神像，已具有百年歷史。

二〇〇八年，廟方為神像重修剃面時，發現被香火熏黑的媽祖，原來最初有著金色面容，於是經過委員會的同意，以擂金方式恢復金面，成為台灣少數的金面媽祖。每至慶典，各地信徒如織，盛況一時。

09 台北

# 台北天后宮（西門町天后宮）

**現址**
台北市萬華區成都路五一號

**特色**
台、日神明共祀一廟。

台北天后宮，又稱「西門町媽祖廟」，其前身為「艋舺新興宮」，與龍山寺、祖師廟並稱「艋舺三大廟」，在「一府、二鹿、三艋舺」的年代，擁有不容忽視的信仰影響力。

猶如民間多數廟宇，台北天后宮的創建過程說法紛紜。依廟方之說：「兩百多年前，有一條貿易船到艋舺來，到艋舺後便將船上媽祖請到陸上祭祀，但辦完業務後，船主想要將媽祖迎回船上起帆回程時，事事不如意，幾經推測，得知媽祖有意留下，因此再度將神像請上岸，一行人才順利離開，於是艋舺的行船業者，乃出錢出力於艋舺新興區的蕃薯市街入口處合建寺廟來供奉媽祖，這也就是『新興宮』的開始。」

從新興宮到台北天后宮有一段曲折歷史：一九四三年，新興宮因馬路拓寬而拆除，將神像暫寄艋舺龍山寺；五年後，移至日治時期興建的「弘法寺」；後來，新興宮弘法寺遭戰火燒燬，正殿經過修建，更名為「台灣省天后宮」，再改稱「台北天后宮」。

傳說，日本弘法大師（七七四－八三五）託夢信徒，表示該廟本為其寺，應將其列入祀奉之列。廟方從善如流，主祀媽祖，另於側殿副祀弘法大師，形成台、日神明共祀一廟，因此有許多日籍旅客遠道前來參拜。自一九七三年起，日本高野山金剛峰寺和東京別院，每年十至十二月間，輪流派遣高僧前往台北天后宮，舉行朝聖禮佛法會。

10 新北

# 淡水福佑宮

**現址** 新北市淡水區中正路二〇〇號

**特色** 地藏王菩薩駐庇。

滬尾（淡水舊名）曾是台北盆地重要的出入港口，商業活動盛極一時，而福佑宮是該地最古老的廟宇，位於早期發展的中心，無論是《淡水廳志》或《台灣通史》皆有記載。

相傳，一八八四年，台灣巡撫劉銘傳在清法戰爭中，於淡水河口佈下水雷、築起土坡堤，全力阻擋法國軍艦進入滬尾港，兩軍激戰，傷亡慘重，媽祖顯靈助陣，協助滬尾軍民獲勝，戰爭結束後，劉銘傳為此奏請清光緒賜匾「翌天昭佑」，至今仍懸掛於廟中，成了當地歷史的重要文物。此外，福佑宮的捐建者涵蓋閩南與客家移民，呈現出媽祖信仰族群的多元性。

福佑宮主祀媽祖，副祀觀音與水仙尊王，另在觀音佛祖前案供奉地藏王菩薩。傳說，張姓信徒於一九七二年農曆三月二十一日，與漁民出海捕魚，撒網後，船隻忽然劇烈震動，眾人慌忙返航，收網時撈獲到一尊菩薩，隨即移奉福佑宮。到了子夜，全廟發生強烈震動，眾人驚醒，向媽祖請示，獲籤「地藏王菩薩駕臨本廟」駐庇，廟方便擇吉日安位、點眼、開光，居民廣為流傳。

11新北

# 新莊慈祐宮

**現址**
新北市新莊區新莊路二一八號

**特色**
廟後圳水，倒照觀音。

原名「天后宮」的慈祐宮，俗稱「新莊媽祖廟」，是該地最古老的廟宇，見證早期的榮景。在清乾隆、嘉慶年間，新莊曾經「千帆林立新莊港，市肆聚千家燈火」船舶悉攘、商賈雲集，盛極一時。落地生根的居民感念媽祖庇佑，特地從福建載運石材與杉木，將過去奉祀的小廟擴建為「天后宮」。

然而，天后宮遭受一七四八年新莊街大火的波及，重修工程歷時五年，並易名為「慈祐宮」。為了避火山之氣，在正殿後方開闢池塘，引水鎮火，當時後村圳兩旁尚無建築物，池水倒映觀音山影，有若「美人照鏡」、「倒照觀音」，列入「新莊八景」。相隔近三十年，新莊街再度大火，蔓延至慈祐宮，經地方仕紳樂捐，又一次擴建，留下當時修廟捐款者的帳目與匾額，見證昔時繁華。儘管慈祐宮香火鼎盛，資產豐富，卻無人主持廟務，於是聘請福建漳州懷公和尚來台擔任住持，他也是新莊地藏庵的開山祖師。

有別於其他早期廟宇，慈祐宮早期為客家人所建，開山祖師來自漳州，當地居民以泉州人為主，信徒不受籍貫所限，香火綿延不絕。兩百多年來，慈祐宮經歷數次修建，逐漸形塑成當前所見的規模，建築風格亦有可觀之處。

每逢春、秋祭典，分別在農曆三月二十三日媽祖生，以及農曆九月九日媽祖昇天，慈祐宮皆舉行傳統三獻禮慶祝。

12 桃園

# 新屋天后宮

**現址**
桃園市新屋區笨港村二鄰一〇號

**特色**
全台灣最高青銅媽祖神像。

新屋天后宮建廟因緣始於兩百年前，濱海地區漁民打魚為生者眾，為祈求媽祖護佑，且因到雲林北港進香的路途遙遠，遂於一八二六年自北港朝天宮分靈，在榕樹下草建土磚小廟，名為「聖母祠」；經過地方上的黃、李、王等大姓出錢出力，募有三甲水田為「母田」，並於一八七八年建廟。

隨時時光流轉，新屋天后宮歷經數度整修，依然香火鼎盛，其祭祀圈涵蓋永興、永安、笨港、深圳、蚵間等五里，是台灣典型的客家廟宇，廟內信徒多以客語交談，甚至連酬神戲也以客語演出。

現身接砲彈是媽祖救苦救難的典型之一，新屋天后宮也不例外。根據廟史沿革，日治末期，二戰期間美軍對新屋鄉笨港村鄰近進行密集轟炸，竟有六枚砲彈落在天后宮後方的大榕樹上，而未引爆，方圓之內平安無事。居民為感念媽祖庇佑，於二○○二年鑄造完成大型媽祖神像，為含底座高達一百尺的青銅神像開光點睛，成為新屋地標。

二○○三、二○○五年底，台灣陷入SARS和禽流感的恐慌時，新屋天后宮兩次舉行長達四十九天的「羅天大醮」，為民祈求平安、風調雨順。

## 羅天大醮

羅天（即大羅天），在道教中指最高的天，是三界以上極高處，所謂「三界之上，渺渺大羅」。而以羅天為名的「羅天大醮」，是台灣民間最隆重的道教醮儀，祭期長、規模大、涵義深，往往是為了廣泛地祈福佑民、國泰民安而舉行。

13新竹

# 內天后宮

清治時期，竹塹城內的閩南人多半從商、客家人務農為主。乾隆時，閩南人會祭拜在北門外的新竹長和宮，對當時散居新竹東、西、南方山區客家人而言，參拜不甚方便，加上閩客械鬥之故，乾隆十三年（一七四八），由淡水同知陳玉友以官方身分，在竹塹城西門興建官立媽

**現址**

新竹市北區興南里西門街一八四號

**特色**

官立，信徒以客家人為主。

祖廟——新竹內天后宮。

乾隆時代的竹塹城地圖，城內標明此廟與新竹都城隍廟。在地人慣稱「內媽祖」，有別於城外北門街上的長和宮「外媽祖」。

新竹內天后宮原位在今新竹市中央里的西安街，後日本人以拓寬馬路為由，就將當時位在馬路中央的廟身拆除。其媽祖神像曾移至香山天后宮，也曾由中央里里民輪奉，一九六二年廟方以日人留下的竹壽寺重建，主要由客籍人士管理。

14 新竹

# 長和宮

**現址**
新竹市北門街一三五號

**特色**
主祀湄洲軟身真髮媽祖。

主祀媽祖的長和宮，位在舊竹塹城城外，又稱為「外媽祖廟」，是新竹北門最為熱鬧繁華的街區。

清乾隆年間，台閩之間商業往來密切，竹塹港的貿易通航頻繁，民眾普遍信仰媽祖，祈求安渡險阻重洋。船商從福建湄洲媽祖廟恭請媽祖金身隨航護佑，返台後，集力合資，草創神祠。隨著轄境信徒日增，歷經多次整繕，而成就了當前的長和宮。

據傳，媽祖肉身火化後留下一束頭髮，分靈為三尊媽祖：湄洲朝天閣的「大媽」已於文化大革命時損毀，「二媽」流向南洋，「三媽」則在新竹長和宮。

值得一提的是，每逢大典，長和宮必封廟門為媽祖梳洗，有回出巡前，髮髻沒綁好，無論如何擲筊，媽祖都不願起駕，信眾嘖嘖稱奇。楊金土主委表示：「從前文獻會拿頭髮去化驗，結果是真人頭髮，整撮頭髮垂下來有一、兩尺長。」正三媽已有兩百七十年歷史，軟身、真髮，且四肢關節皆可活動。當年媽祖來台所坐的神轎等文物，依然保存在長和宮，連中國文物學者都來尋根。

長和宮自創建後，以三年為一期，赴湄洲祖廟謁祖進香，象徵香火傳承。戰後兩岸阻隔，曾經中斷四十多年，直到一九八九年重新組團前往。二〇一四年，鎮殿湄洲正三媽乘坐藝閣車，搭乘海峽號客輪，從南寮漁港直航中國平潭，抵達湄洲祖廟，首開台灣車輛在中國行駛的先例。

15苗栗

# 竹南龍鳳宮（后厝龍鳳宮）

**現址**

苗栗縣竹南鎮龍安街六九號

**特色**

全台最大的媽祖坐姿彩繪神像。

苗栗的后厝龍鳳宮與中港慈裕宮，合稱「竹南內、外媽祖」，是當地的信仰中心。

龍鳳宮創建因緣可追溯到明朝，跟隨鄭成功來台的部將，在龍鳳里附近搭建小廟奉祀湄洲媽祖。居民感念媽祖顯靈庇佑，香火日盛，一八三六年於現址興建龍鳳宮，爾後歷經數度改建與擴建，成就了今日的規模。而殿內所保存的古匾古物，恰好與其悠久歷史相互輝映。

龍鳳宮的最大特色，是廟殿後方的大媽祖神像，高約十二層樓。這尊坐姿大媽祖的主體結構為鋼筋水泥，外觀覆蓋塑膠玻璃纖維，再粉刷彩繪，成為竹

南的壯觀地標；從建築內部登頂，也可遠眺龍鳳漁港與台灣海峽，視野遼闊。

此外，龍鳳宮有一口超過百年的「龍井泉」，相傳大正初年，許多居民感染惡疾，向媽祖求得井水，飲用後即可逐漸痊癒，從此盛名遠播。在醫療不普及的年代，透過信仰媽祖，撫慰著人們面對疾病時的無助。

隨著思想的現代化，龍鳳宮自二〇一四年發起萬尊媽祖（廟方供奉於後殿之萬尊木雕媽祖）環保踩街祈福的創舉，每年以三輪車承載神像遶境竹南，沿途不施放鞭炮、減少噪音和垃圾，用行動具體響應環境保護的觀念。

# 16 苗栗

# 白沙屯拱天宮

**現址** 苗栗縣通霄鎮白東里八號

**特色** 集開基媽、鎮殿媽、進香媽於一身的軟身媽祖。

通霄地區最早開墾的白沙屯（舊名「白沙墩」），自古即是新竹與大甲官道必經之路，在海防汛守上扮演著重要角色，因此媽祖信仰極其活躍。

拓殖先民奉請一尊軟身媽祖，當地人稱為「大媽」，長年輪值奉祀在爐主家，直到清咸豐年間，白沙屯村民倡議集資創建拱天宮，至一八六三年完竣，成為當地的信仰中心。將近兩百年間，廟宇承受風雨剝蝕、地震侵襲，各種設施老舊，陸續整修改建，方能維持現今樣貌。

白沙屯大媽能夠靈活穿戴冠袍與弓鞋的軟身造型，以及柔和粉面，拉近了與信徒的距離。大媽進香起駕之前，廟方用「抹草水」為其沐浴，再換穿新衣、新袍，而梳洗後「聖水」總為信眾爭相分霑，祈求平安。雖然大媽雕刻年代難以考據，依老師傅的鑑定，推測是出自官方或唐山名家之手，換句話說，歷史比拱天宮更悠久，而且集開基媽、鎮殿媽、進香媽於一身。當大媽前往北港進香期間，就由廟內「黑面二媽」與「粉面三媽」肩負起鎮殿責任。

拱天宮每年往北港進香，與朝天宮建立深厚情誼，獲捐一道歡迎門，是白沙屯的地標。此外，「白沙

屯媽祖婆網站」與「白沙屯媽祖網路電視台」更整合宗教活動與網路平台的力量，宣揚媽祖文化，使白沙屯成為民間信仰的重鎮。

※請參看本書第四章「白沙屯媽祖進香」。

17苗栗

# 苑裡房裡順天宮

**現址**
苗栗縣苑裡鎮房裡里一鄰二六號

**特色**
房裡古城內的媽祖。

苗栗西南隅的百年房裡山城，是清咸豐年間為保護商業市街而建造土石城牆的聚落，至今仍有許多遺跡可循。在台灣早期開發史中，漳、泉械鬥，庄與庄之間互相敵視，街市分別聚集。縱使「城內媽祖」順天宮與「城外媽祖」慈和宮同樣信仰媽祖，卻互不參與對方的活動。

位於房裡古城南門內的順天宮，最早是平埔族人的小廟，但廟內沒有神祇，於是移墾至此的漢人便奉祀湄洲媽祖，獲得庄內居民的參拜，香火興旺，於一八五六年才在現址改建，屬於地方上的「角頭廟」。

根據當地耆老表示，順天宮廟埕前昔日是市集所在地，因此設有「公秤」，舉凡火柴、木炭、番薯藤等需要秤重的各種交易，皆由廟祝用公秤量之；而依照慣例，過秤者也會酌付廟祝少許物資。

猶如多數廟宇，順天宮經歷數度整修，外觀雖與原貌不全然相同，仍保留部分舊跡，且整體建築與內部結構不失古意，再加上牽繫著早期發展與信仰，因此登錄為歷史建築。

# 18 苗栗

# 苑裡慈和宮

**現址**
苗栗縣苑裡鎮中山路三〇五號

**特色**
來台三百年的香燈媽。

苗栗苑裡的媽祖信仰隨漢人來台。相傳，清康熙時，福建水軍吳都督受命平定海寇，為求順利，親赴湄洲祖廟迎回第十二分靈金身，供於主帥船上。某日，船隻遭遇暴雨，漂流至房裡溪口「船頭埔」，吳都督隨軍登陸，將神像暫寄苑裡陳氏望族，至賊亂掃平後，陳氏和居民求媽祖駐留，佑護國泰民安。

起初，開基媽（香燈媽）供奉於房裡社境域「苑裡街尾舊媽祖宮」（分駐所西南），至一七七一年遷建於現址，正名「蓬山慈和宮」。當時，霞漳進士王廷珪與淡水同知宋應麟是知交，兩人同舟來台，客居竹塹，頗具文名。慈和宮竣工後，信眾請王廷珪撰記，他感念媽祖庇佑，撰寫〈蓬山慈和宮碑記〉，碑材為福建花崗石，至今保留在廟內正廳左牆。

同為苗栗苑裡兩大信仰中心的「城外媽祖」慈和宮與「城內媽祖」順天宮，其香火無分軒輊，隨市區發展向北移，慈和宮信眾日多，於一九七一年再度改建，費時十三年完成。

慈和宮內保存許多古物，除了前述的〈蓬山慈和宮碑記〉之外，龕上媽祖神像、神案、千里眼、順風耳等俱是依初，並有乾隆三十六年（一七七一）石雕香爐、木製古案、乾隆三十八年（一七七三）的古匾「海國標靈」，以及光緒十年（一八八四）封慈和宮天上聖母救駕有功的欽賜匾「與天同功」。

此外，來台三百年的香燈媽也流傳著不少顯聖故事，包括：進香途中阻絕溪水，助人平安渡溪，而獲「潛水媽」之稱；以及美軍空襲台灣時在空中攔截砲彈、降雨解除旱災等，皆讓信眾津津樂道。

# 19 苗栗
# 中港慈裕宮

**現址** 苗栗縣竹南鎮民生路七號
**特色** 媽祖夏日出巡洗港祭江。

慈裕宮坐落於中港，地名由來有二說：其一指平埔族的中港社（鄰近中港溪而得名），是漢人在竹南最早開墾的地區；其二則指介於北雞籠與南鹿港的交通船運之中。無論如何，中港開發極早，且與中國大陸距離近，自然成為兩岸交通、貿易最早的海港，也是漳、泉二地渡海落腳中港開墾時比較早的落腳處。

就歷史發展來看，慈裕宮與龍鳳宮合稱「竹南內外媽祖」，也與北港朝天宮、東港朝隆宮並稱「台灣三媽祖」。因為早期漳、泉之間經常發生械鬥事件，一八四〇年，道光皇帝特授台灣北路淡水總埔分府於慈裕宮側設設立「勸泉漳

和睦碑」，目前置於後殿花園內，旁邊還有一七八八年所刻的「勘丈碑」，被視為中港的重要古蹟。

除了熱鬧的年節慶典之外，慈裕宮最具特色的民俗，當屬端午節「祭江洗港」的活動。相傳，過去中港溪口船隻往來頻繁，外海常有船難發生，為撫慰亡靈，每年舉辦祭江洗港。

每年端午節正午時分，竹南地區各宮廟神轎、陣頭至慈裕宮前領旨集合，接著，媽祖率眾神轎遶境沿海各里。接近傍晚時，抵達中港溪出海口，進行祭江洗港的相關儀式，眾人捻香祭拜，乩童帶領神轎衝向海口，象徵驅逐不潔之物。儀式結束後，所有人背向出海口，悄悄離開；神像則面向出海口退回，護佑各方平安。

這項已有百年歷史的活動，是全國唯一的夏季媽祖出巡，也獲得苗栗縣政府登錄公告為民俗類無形文化資產。

## 20台中

# 旱溪樂成宮

**現址**
台中市東區旱溪街四八號

**特色**
國家第三級古蹟。

樂成宮的歷史沿革，可追溯到清朝乾隆初年：信徒林氏計畫渡海來台開墾，恭請福建蒲田湄洲天后宮老二媽神像同船，冀求海上平安、墾荒順利，在台中梧棲港登岸後，翻山涉水，抵達樂成宮現址，將媽祖神像暫時安置於大樹下的巨石上。

一行人稍事休息後，準備繼續趕路，抬起神像時，卻覺得千萬斤重，因此認定此為鎮靈勝地，而將神像奉祀此處，俗稱「媽祖婆厝」。歷經半個世紀後，墾民生活漸趨安定，於是聚資創建廟宇，感念老二媽的庇佑。據說，當年的巨石即在現今正殿地下。

如今不少信徒前往樂成宮，除了參拜媽祖，還有另外一個目的是祈求桃花與姻緣；十六年前在志工與信眾建議下，增設月老殿，奉祀月老星君，雖奉祀時間不長，卻因信眾皆能順利求取好姻緣，讓樂成宮月老殿擁有超高人氣。

21台中

# 大甲鎮瀾宮

**現址**
台中市大甲區順天路一五八號

**特色**
百萬人隨行大甲媽遶境進香九天八夜。

鎮瀾宮媽祖每年南下遶境進香，總有百萬信徒自主隨行，其規模堪稱是世界之最。

「鎮瀾」兩字應是鎮海安瀾之義，媽祖本就是海神，護佑海上人船往來平安，因此大甲媽祖信仰與台中大安港的貿易密切相關。相傳，在一七三〇年時，福建省莆田市湄洲島人氏林永興，自湄洲祖廟奉請神像來台，至大甲定居。當時篤信媽祖的移民紛紛前來參拜，兩年後，地方縉紳見香火鼎盛，徵得林氏同意，於現址興建小祠。一七七〇年，林對丹捐建「天后宮」；至一七八七年重建，始見載於台灣府淡水廳文獻。往後地方有志之士屢次發起獻地重建，共襄

盛舉，擴建為「鎮瀾宮」。

後來，大安港泥沙淤積，形同廢港。一九一四年，鎮瀾宮再次重修，將木結構門面改為石質。一九三五年四月，台中清水、后里發生大地震，死傷無數，大甲地區安然無恙，民眾為感念媽祖慈悲，於一九三六年改建落成時，舉行首度祈安清醮大典。隨著歲月變遷，鎮瀾宮歷經數次整修，甚至曾經費時八年拆除重建。

鎮瀾宮從創廟至今沒有遷移過，而且越修越大，信徒越來越多。傳說是因為其風水地理屬於坐擁「金交椅」，左有美人山、右有鐵砧山，背後有后里台地烘托，兩側又有大安溪、大甲溪環繞，是極為旺盛的位置。此外，民間還有一說法：鎮瀾，是指廟地風水為烘爐穴，地下三、四十丈深挖不到地下水，因此香火鼎盛。

就建築美學來看，鎮瀾宮的前殿、後殿、南北殿、南北室、鐘鼓樓等，充滿人物、花鳥、走獸等石刻木雕，以及正殿神龕層層疊飾，富麗輝煌。雖然許多古物隨著翻修而走入歷史，但乾隆五二年（一七八七）「護國庇民」、光緒八年（一八八二）「與天同功」等古匾，至今高高懸掛，一同見證時代的轉變。

每年元宵節，鎮瀾宮擲筊，請媽祖擇期，到了農曆三月，展開全程九天八夜、跋涉三百多公里路，縱貫台中、彰化、雲林、嘉義各鄉鎮數十座廟宇的遶境進香，成為全台灣「三月痟媽祖」的重頭戲。

※請參看本書第四章「大甲媽祖遶境進香」。

22台中

# 梧棲浩天宮

**現址** 台中市梧棲區中央路一段七八四號

**特色** 全台唯一稱「公」的千里眼順風耳。

主祀媽祖又被稱為「大庄媽」及「潛水媽」，為大肚中堡地區五十三庄信仰中心，兩年一次的大庄媽北港進香回鑾繞境與進香隔年舉辦的大肚中堡五十三庄遶境，被列為台中市文化資產的無形文化資產，廟宇本身也被列入歷史建築文化資產項目保存。

早期媽祖隨著拓墾者來到大庄一地，由庇佑渡海平安的海神形象轉化為開疆闢地的拓墾者保護神。拓墾先民於雍正元年（一七二三）年成立「媽祖會」，乾隆三年（一七三八）由地方人士籌措資金興築土墒茅草小廟於陳厝庄，奉祀天上聖母為主神。咸豐六年（一八五六）媽祖廟由原先所在地遷移至大庄現址。由於新廟落成以及媽祖顯聖庇佑，地方風調雨順、五穀豐收，大庄媽之盛名遠播，香客絡繹不絕。

浩天宮內保存清代道光年間設立之「正堂嚴禁私墾碑」、「特示嚴禁私墾牛埔碑」及光緒年間所立之「五福圳告示碑」，這些古碑對於重建清領時期唐山過台灣的墾民之發展具有相當重要的歷史價值。

浩天宮是全台唯一將千里眼順風耳並稱為千順公（千順將軍）的廟宇，原因就是當時在台中大甲鐵砧山準備開光時，突然風雲

變色並有無形鬼怪攪局，遂以黑令旗收服，收服後開光儀式順利進行後，千順公降駕指示信眾說浩天宮的千里眼、順風耳階級比將軍還要更高，這樣的傳說讓浩天宮的千里眼順風耳博得全台唯一稱「千順公」的美名。遶境時千順公神將也有特別之處，會配合哨角踩著獨有的腳步，四處聽和看，清掃沿路的鬼魅為大庄媽開路。

浩天宮的進香與遶境活動中還衍生梧棲地區獨有的「走大轎」接駕儀式，在媽祖回鑾時，沿路經過的宮廟，轎班人員扛著轎來回衝刺，表現出迎接大庄媽，迫不及待的心情，各廟神轎互相較勁，場面十分熱鬧。

## 23台中

# 南屯萬和宮

**現址** 台中市南屯區萬和路一段五一號

**特色** 傳承兩百年的字姓戲。

萬和宮所在的南屯區，從前是打製犁頭等農具店鋪聚集的店街，因此俗稱「犁頭店聖母廟」。

建廟沿革始自一六八四年，浙江定海總兵張國（後任台灣北路營參將），從湄洲恭請「老大媽」護船來台，墾拓南屯，起初僅在犁頭店搭建小祠奉祀；隨著信徒增加，媽祖顯聖事蹟流傳，當地張、廖、簡、江、劉、黃、何、賴、楊、戴、陳、林等大姓集資擴建大廟，終在一七二六年完竣，定名為萬和宮。

萬和宮典藏許多清朝的鐘、鼎、香爐、神轎、交趾陶等，成為具有文化價值的常設展示，而且也保留了全台僅有字姓戲。酬神的字姓戲，相傳是清道光

年間，本宮「老二媽」於旱溪媽祖遊庄至南屯時，例行接駕，相隨遶境南屯老街至田心仔。待「老二媽」回返時，神轎竟重如萬鈞，無法移動。經信徒擲筊得示，以演「字姓戲」娛神代替遶境，神轎才順利入廟。自此，每年農曆三月二十一日起開演字姓戲，請媽祖觀賞。

此外，萬和宮「老二媽」與西屯大魚池結下不解之緣，此即「不姓林的媽祖」傳說故事。自清嘉慶年代以來，西屯廖姓人氏稱萬和宮「老二媽」為「老姑婆」，每三年一次恭迎「老二媽」回娘家敬拜，成為當地習俗。

※請參看本書第二章「南屯媽祖是西屯廖家女兒」。

# 字姓戲

根據台中市文化資產處的登錄：

台灣傳統的字姓戲，又稱「家姓戲」或「單姓戲」，由地方上同姓氏宗族或聯合數姓氏為一字姓組織，輪流出錢邀請劇團演戲酬神。然現代社會宗族制度薄弱，「字姓戲」多已名存實亡，而南屯萬和宮卻仍保有這項民俗意涵濃厚的酬神賽會。

萬和宮字姓戲自清道光五年（一八二五）起，由南屯捐地募資興建萬和宮之信眾，於每年農曆三月二十一日起依序演戲酬神，依移民來台原鄉地籍別演漳州戲、廣東戲、泉州戲、汀州戲熱身，並自二十六日後起演字姓戲，每年字姓戲由張姓開始，持續兩個月，歷代延續不斷，並已由最初之十二字姓擴增至今日二十八字姓，已成為地方重要民俗活動。

# 24彰化

# 北斗奠安宮

**現址**
彰化縣北斗鎮斗苑路一段一二〇號

**特色**
現存五尊百年軟身媽祖，數量為全台之最。

北斗奠安宮與彰化南瑤宮、鹿港天后宮並列「彰化三大媽祖」，其廟史沿革需從前身東螺天后宮說起。

當年落腳東螺舊社的移民，渡海前，為祈求安渡黑水溝，至湄洲天后宮分靈軟身媽祖神像，隨船護航來台，約在清康熙年間，於漢人形成的聚落草創宮廟，隨著東螺街肆的發展，逐漸興盛。至嘉慶時，東螺街接連遭遇水災、戰禍，以及漳泉械鬥，信徒擲筊請示媽祖後，遷居寶斗（即北斗），重建街肆與廟宇，新廟落成後更名為「奠安宮」。

奠安宮是南彰化歷史最悠久的開基媽祖廟。清朝時期，從奠安宮發展出的聯庄信仰圈，擴及北斗、溪州、田尾、埤頭、田中、二水等範圍，舊殿曾列入國家三級古蹟。隨著年久失修與配合前殿興建，奠安宮一度拆遷至花壇的台灣民俗村，經常入鏡電視劇，成為場景。

舊殿「廟殼」流落民俗村，遲遲無法遷回，而歷經十四年興建的奠安宮新殿也已安座。值得一提的是，廟內「北斗鎮寶」是五尊從湄洲祖廟迎請、超過百年歷史的軟身媽祖，依人體比例塑造，四肢關節皆可活動，內外衣俱全，身著刺繡龍袍，足繫三寸金蓮，極為細膩。

25彰化

# 南瑤宮

**現址**
彰化市南瑤路四三號

**特色**
十個媽祖會形成的信仰圈，組織規模為全台之最。

南瑤宮位於古彰化城的南門外，為南門口的公廟，在歷史發展過程中，逐漸成為彰化與鄰近的台中、南投等地的信仰中心。

現存沿革碑與日治時期《寺廟台帳》等相關文獻顯示，南瑤宮香火是清雍正元年彰化建城時，由窯工楊謙從諸羅（嘉義舊名）笨港攜來庇身之用。相傳，香火掛在工寮內，每晚入夜閃爍發光，居民認為是媽祖顯靈，於是集資雕塑神像，奉祀於隔鄰福德廟內，自此香火日盛。至一七三八年，瓦磘庄陳氏捐地建祠；同年歲末，眾人再發起募資建築本殿，雕塑五尊神像，正式定名「南瑤宮」。

據《彰化縣志》記載，南瑤宮「歲往笨港進香，男女塞道，屢著靈驗」，是台灣進香文化的濫觴，有「台灣第一進香團」之稱。而為了前往香火起源地笨港，信徒紛紛成立輿前會，即媽祖會（簡稱媽會），在進香活動中擔任抬媽祖神轎的職務。現今總計十個媽會，會員分布台中、彰化與南投部分地區，成為全台信徒組織最大的媽祖廟。

南瑤宮刻有百餘尊分身神像，以因應信徒請求媽祖到村庄街鎮從事活動；而且各媽會都有專屬神像，供信徒祭拜迎接之用。又因為迎接信眾極多，南瑤宮的媽祖經常不在宮內，需至誕辰祭典前，才按例回返。

# 十八庄迎媽祖

據地方耆老口述，霧峰烏日大里地區十八庄遶境是為了驅趕烏龜蟲害，由下哩仔庄（今台中烏日區東園里）庄民，前往彰化南瑤宮恭請南門媽與鄰近地區的媽祖、十八庄境內媽祖等，逐日在十八庄境內迎媽祖。自三月初一由下哩仔開始，隔日由下一庄迎請，以一天一街庄方式輪流遶完十八庄，結束時由最後一庄一一恭請各地媽祖返回。延續至今，仍以相近方式迎請媽祖遶境。

衍伸出相關唸謠如下：

·塗城黑，草湖雨，阿罩霧爛糊糊，柳仔湳石頭路（或溪底路），吳厝庄一個堀，丁台仔拜拜咧家己㘄。

．十一塗城黑，十二草湖雨，十三阿罩霧爛糊糊，十四柳仔湳石頭路（或溪仔底路），十五吳厝庄一個堀，十六丁台仔拜拜咧家己囫。（退休校長魏水明分享）

## 旱溪媽祖吃尾頓

旱溪是東保十八庄之一，十八庄從三月初一到彰化請媽祖，開始在烏日、霧峰、大里境內十八個村庄遶境，三月十八最後一天到旱溪，旱溪公廟樂成宮，亦主祀媽祖，三月十九日一早就要送媽祖回彰化。故曰「旱溪媽祖吃尾頓」。

# 26彰化
# 鹿港天后宮

**現址**
彰化縣鹿港鎮中山路四三〇號

**特色**
台灣唯一的湄洲祖廟開基媽祖。

鹿港天后宮，又名「舊祖宮」，創建於明末清初，迄今逾四百年。相傳，其神像原奉祀於湄洲祖廟，在施琅奉命征台時特請前來坐鎮護軍，戰爭結束後，居民懇請「湄洲媽」長留鹿港，俗稱為「湄洲二媽」。因此，鹿港天后宮成為台灣唯一主祀湄洲祖廟開基媽祖的廟宇。

湄洲二媽在鹿港安座立基後，居民的生活也獲得改善，香火更加鼎盛，於是將舊廟遷至「粟倉內」進行改建，直至施世榜獻地，以及數度擴建與重修，成就出現今的樣貌。鹿港天后宮的樑柱、木雕、石雕、彩繪皆出於名匠之手，建築宏偉又富麗，見證早年當地的貿易興盛與文化薈萃。

湄洲媽原為粉面，經過數百年的香火熏染而轉為黑褐色，信徒因此暱稱「香煙媽」或「黑面媽」。顧及湄洲媽的年代久遠，廟方僅在大年初一子時起至農曆三月二十三日「媽祖生」的這段期間，才從神房請出神像，安座於正殿。而平日正殿神龕內最大尊的「鎮殿媽祖」，則是日治時期重修廟宇時所塑。然而，在此之前的鎮殿媽，是同治年間泉州「西來園」雕刻師傅連來雕塑的軟身神像，目前仍安置正殿，已改稱「鎮殿二媽」。

一九二二年，鹿港天后宮準備前往祖廟進香時，請連來之子連詠川，仿湄洲二媽重塑，並以此尊神像前往進香，後稱「進香媽」。進香媽平時供奉於正殿神龕正前方，到了正月湄洲媽安座於正殿時，才將進香媽請入神房。

數百年來，鹿港媽祖的信徒遍布全台灣各個角落，終年香火不斷，尤其農曆正月至三月間，更是人山人海。這般壯觀畫面彷彿訴說著媽祖信仰與台灣子民無法切割。

國泰民安
風調雨順

開台湄洲媽祖

媽祖輔助神廿四司

## 27 彰化

# 鹿港新祖宮

**現址** 彰化縣鹿港鎮埔頭街九六號

**特色** 台灣唯一一座由乾隆帝下令、官費興建的媽祖廟。

原稱「新媽祖宮」，因創建前鹿港已建有媽祖宮，即今日鹿港天后宮，於是新建的媽祖宮舊稱新媽祖宮，簡稱新祖宮、新宮，鹿港天后宮則稱舊媽祖宮，簡稱舊祖宮、舊宮。

新祖宮的創建，源自於清乾隆五十一年（一七八六）林爽文事件，清廷派遣陝甘總督福康安與參贊大臣海蘭察於鹿港登陸台灣，後來順利俘虜林爽文。乾隆命福康安興建該廟。

本廟又稱做「敕建天后宮」或「新天后宮」，因是天子御賜建廟，廟前有「文武官員至此下馬」的碑文。新祖宮於嘉慶十一年（一八〇六）及道光十四

年（一八三四）兩度重修，日治末期因戰火波及，至一九七〇年再度重修。

於媽祖兩旁的隨祀神「金將軍千里眼」與「柳將軍順風耳」神像為穿著清代官方正式服裝，是比較特別之處。因新祖宮為官廟，在清領時期，每個月都會有官員負責祭祀。該廟保存之乾隆五十三年（一七八八）「敕建天后宮碑記」、乾隆五十七年（一七九二）「天后宮田產碑記」、嘉慶十一年（一八〇六）的「重修廟宇碑記」，與道光十四年（一八三四）的「重修天后宮碑記」四塊碑石，形成「鹿港八景」中的「新宮讀碑」。

與新祖宮媽祖信仰有關的民俗活動中，規模最大的是鹿港同安寮地區迎媽祖，每年媽祖聖誕前至鹿港新祖宮與天后宮迎請媽祖神像展開為期兩日的遶境，彰化縣政府在二〇一四年公告「同安寮十二庄迎媽祖」為民俗資產。

# 28 彰化

# 鹿港興安宮

**現址**
彰化縣鹿港鎮興化巷六四號

**特色**
鹿港巷弄內的第一古廟。

鹿港興安宮、舊祖宮（天后宮）、新祖宮三座清朝早期媽祖廟齊聚，足以見證「一府、二鹿、三艋舺」的風華。其中位於巷弄內的興安宮，腹地小，香火也不若其他大廟鼎盛，卻是歷史最早、文物最古、建築最保留原型的廟宇。

興安宮，又名興化宮、興寧宮，創建於台灣入清朝版圖的第二年，是當年落腳鹿港的福建興化人所建。從廟名來看，是祈求興茂安寧之意。隨後，興化人在鹿港日漸增多，興安宮坐落的「草仔市」屬當時的精華地段，集米市、車埕、杉行等生活圈，熱鬧繁華。這段黃金歲月可透過廟方保存的古契書和古圖佐證。

鹿港於一七八四年正式開港，閩粵移民大舉遷台，尤以泉州裔數量為多。直至泉漳族群械鬥，致使興化人被迫外遷避禍，興安宮面臨資產不保，退居為角頭廟。到了一七九八年，鹿港大地震把興安宮化成瓦礫，地方仕紳見老廟荒毀，募金倡修；五十年後，興化族裔集資捐修，規模與形貌保留舊制；民國後數度整修，依然維持清初廟宇與街屋合一的形式，沒有樑柱與廂房，極為簡樸。

分靈自湄洲祖廟的軟身媽祖、鎮殿木雕媽祖、木雕宮娥，歷經百年後，仍與廟內的咸豐年間瓷香爐、木刻餞盒、竹條籤詩，以及草創期的樹頭香爐等古物，謐靜地守護鹿港第一古廟。

29 彰化

# 枋橋頭天門宮

**現址**
彰化縣社頭鄉橋頭村媽祖廟街四三號

**特色**
七十二聯庄組織。

康熙年間，施世榜開築八堡圳，彰化平原吸引大量的福建漳州移民進入，漳州人後裔蕭姓一族相繼進入大武郡溪流河域開墾，其東邊稱為武東保，約為現今社頭鄉一帶；西邊則為武西保，大約今日永靖、埔心一帶。在清嘉慶年間，分類械鬥越演越烈，客家人與漳州人為了自保，聯合抵禦泉州人，逐漸形成八庄七十二聚落，發展為七十二聯庄組織，保衛家園。

枋橋頭天門宮創建於清乾隆二〇年（一七五五），嘉慶三年（一七九八）改建落成，嘉慶年間獲贈「海國安瀾」匾。原名枋橋頭天后宮，光緒十六年（一八九〇）開始往鹿港天后宮進香，遂改名為枋橋頭天門宮，往後每隔十二年到鹿港天后宮謁祖進香，直到民國八十年起改為每十年，每次連續三年。

天門宮都是在農曆三月二十九或三月三十進香，當天夜宿鹿港，四月回鑾，進香時間跨度兩個月份。此外，在回鑾前的交香儀式中，天門宮執事人員跪在鹿港天后宮供桌上擲筊，更是絕無僅有。

30南投

# 竹山連興宮

現址
南投縣竹山鎮下橫街二八號

特色
主祀三百五十年歷史的銀安媽。

連興宮，原名連輿宮，又稱媽祖宮或天上宮，為南投竹山最悠久的媽祖廟，是當地的「大廟」。據連興宮主委許民衡指出，宮內銀安媽始自一六六五年，鄭成功部將林圮來台所攜帶的廈門同安媽祖分身，擁有三百五十年歷史。而連興宮的香火鼎盛，也代表著內山居民崇奉媽祖，相對於漁村漁民有過之而無不及。

連興宮的木雕軟身黑面二媽，原是社寮北中宮的鎮殿媽，因為修廟而暫奉於此，待新廟完竣後迎媽祖回社寮，神轎起程時卻沉重無法動彈，廟方擲筊請示，得知北中宮已更名武德宮（開漳聖王廟），因此媽祖不回駕，願常駐連興宮。從此，每逢媽祖生日前十天，武德宮用神轎迎媽祖回娘家巡視，至今已延續八十年。

連興宮創廟歷史超過兩百年，擁有土墼磚造的牆壁，以及各種雕刻、交趾陶與彩繪工藝，廟內也收藏各式古匾和石碑等文物，尤以福州師傅溥明所刻的千里眼、順風耳神像為台灣罕見作品。經九二一強震，廟牆造成若干毀損，意外顯露出古拙質地的原貌，經評定列為國家三級古蹟。

31 雲林

# 北港朝天宮

**現址**
雲林縣北港鎮中山路一七八號

**特色**
為台灣分靈最多之媽祖廟。

北港朝天宮，因分靈自湄洲朝天閣而更名為朝天宮，以茲紀念。全台各地都有朝天宮媽祖分靈的香火，因此每年來此朝聖祈福的信徒源源不絕。

朝天宮的歷史源自一六九四年，佛教臨濟宗禪師樹璧奉請湄洲天后宮媽祖神像來台，在諸羅海口笨港登岸。當時台灣荒地已闢，人口益增，笨港居海上交通要衝，船隻聚集，居民見僧人奉神像而來，紛紛建議留為主持香火，此即笨港天后宮建立的源由。初為簡陋的低簷矮屋，後來福建同安的大業戶感念媽祖神恩，遂捐廟地建小祠。嘉慶二年（一七九七），古笨港地區遭洪水侵襲，笨港天后宮因此被沖毀，嘉慶五年（一八〇〇）在朝天宮第六代住持淣衷的帶領下，留在笨港的居民重修天后宮，並因香火來自湄州朝天閣，因而改名「朝天宮」。此後，朝天宮在鄉紳與居民鼎力協助下，數經擴建。其中，一八三七年的修建，還留下福建水師提督王得祿的獻匾和泉郊新德泰號敬獻的「雙龍戲珠」石雕。朝天宮的建築規模雖未冠絕全台，然其木構、裝飾、雕刻、彩繪、剪黏、塑陶均古色古香，已列為國定古蹟。

清朝時期，朝天宮每年按例從笨港渡海回湄洲謁祖進香，直至甲午戰爭割台後，謁祖行程暫停，改以每年農曆三月十九、二十日這兩天，媽祖在境內遶境祈福，成為北港媽的年度盛會。

北港媽遶境範圍以笨港溪（北港溪舊名）為界，第一天上午「南巡」南街、第二天上午「北巡」新街一帶，而兩天下午和夜間則繞行北港鎮內。

朝天宮遶境行列長達四、五公里，包括：陣頭、藝閣、花車與隨香民眾，從清晨起駕，直到隔天才回廟。沿途民眾準備香案、素果、鮮花、鞭炮迎駕，無比熱鬧。尤以炸轎（又稱吃炮）、炸虎爺、彩花炮、犁炮等最具特色，因此，北港迓媽祖與台東炸寒單、台南鹽水蜂炮，合稱為「台灣三大炮」。

※請參看本書第四章「北港朝天宮迓媽祖」。

## 軟身媽祖

從前先民乘船來台，攜帶物什不易，因此雕刻師往往採軟骨式工法來設計大尊神像，將四肢關節以文武榫接合，即可拆解再組合。以竹山連興宮的黑面媽祖為例，神像高二尺八，加上座椅、后帽後約有四尺二，除了肢體可以活動外，腳先纏裹腳布再穿上三寸金蓮，精緻罕見。

32雲林

# 麥寮拱範宮

**現址**
雲林縣麥寮鄉中正路三號

**特色**
開山媽是湄洲祖廟失落已久的「六媽」。

崇祀開山媽祖的麥寮拱範宮，最初是純真禪師從湄洲祖廟迎來正六媽神像，自海豐港（今為六輕港）登岸後，在海豐街所創建。

據廟內碑文與《雲林采訪冊》等史料，推測興建於一六八五年，廟名「拱範」有「拱衛範圍生靈」之意。至乾隆年間，因新虎尾溪水患，一七四二年遷廟於現址。拱範宮信仰圈涵蓋麥寮、台西、褒忠、東勢、崙背等鄉鎮，是雲林海線的信仰中心，三百多年來分靈廟宇超過四千間。

一八八一年，拱範宮組團恭請開山媽赴湄洲天后宮謁祖進香。祖廟神龕內的石桌上有六個凹陷方砌，供奉老大媽、老二媽、老三媽、四媽、五媽，直

至拱範宮進香團抵達後，比對開山媽底座和神案凹陷方砌完全吻合，證實是失落已久的「六媽」，便請天后宮廟方在開基媽座椅背面刻上「朝天閣六媽」字樣，證明身分。

麥寮開山媽的雕造風格近似泉州技法，莊嚴中帶有慈悲，已在拱範宮接受了數百年的香火熏染。隨著年久，拱範宮的廟體結構和雕樑彩繪剝落損壞，經鄉長與主委力爭，耗資上億、歷時七年，終於在二〇一八年七月整修完成，再現風華。

33雲林

# 西螺福興宮

**現址**
雲林縣西螺鎮延平路一八〇號

**特色**
全台少數在秋季舉行媽祖遶境的廟宇。

西螺福興宮，俗稱「舊街媽祖廟」，廟史可追溯至一七一七年，福建鼓山湧泉寺臨濟宗明海禪師從湄洲攜來「船仔媽」一尊，奉於茅屋；至一七二三年，西螺街區民眾出資建廟。數百年來，福興宮媽祖護衛西螺地區的平安與發展，有求必應，因此被稱為「太平媽」。

坐在福興宮正殿最高位、最大尊的神像是鎮殿媽，其下為當年明海禪師背負至台的開基媽。開基媽為軟身媽祖，僅在遶境時，得以移駕至神轎，巡視濁水溪南北兩岸，幫助信眾消災解厄，祈福納祥。

中台灣最隆重的宗教盛會，當屬大甲鎮瀾宮的進香，而西螺大橋是信眾追隨媽祖步行至嘉義新港奉天宮的必經之路，因此福興宮成為途中休息站。每逢「三月痟媽祖」，西螺的熱鬧程度更甚過年。

至於福興宮的遶境活動，始於清朝末年，中斷於日治時期，直到二〇〇四年經太平媽「允筊」，定於秋季再度出巡。廟方遵循傳統「東邊看到山、西邊看到海」，以濁水溪兩岸鄉鎮為遶境路線範圍，讓境內農民於秋收時節酬神，祈求平安與來年豐收。往後則於媽祖生擲筊，決定當年秋季是否出巡遶境，以及日期。

二〇一六年，適逢福興宮建廟三百年，太平媽展開長達五百公里、為期十五天的秋季出巡，途經雲林、彰化各鄉鎮宮廟，處處張燈結綵。

# 34 雲林
# 西螺廣福宮

**現址**
雲林縣西螺鎮新街路三二一號

**特色**
庇佑交通安全的「國道媽祖」老大媽。

西螺廣福宮，俗稱「新街媽祖廟」，創建於清朝初年，是移民螺陽（西螺別名）的廣東、福建兩大族群集資合建，因此命名，有「廣被福音」之意。

廣福宮的開基媽姐，分靈自湄洲祖廟，俗稱「老大媽」、「新街老大媽」、「西螺媽」，因為救難神蹟廣為流傳，民眾信仰甚篤。歷經數度改建，廟宇逐漸擴大，香火日益鼎盛。至一九七八年成立管理委員會，積極整修各項設備，近年更組織大鼓陣、誦經團，每逢媽祖生或西螺鎮各項廟會活動均熱烈參與，信徒遍及各地。

特別的是，百年前，西螺地區久旱未雨，天乾地熱，民眾苦不堪言，於是各庄頭的代表協議，恭請西螺老大媽巡安賜福，遶境範圍遍及西螺、二崙、崙背、虎尾、林內、斗六、土庫、莿桐各鎮的村庄，所到之處天降甘霖，因此創下老大媽農曆閏年遶境的傳統。

在信徒心目中，老大媽也是專門庇佑交通安全的「國道媽祖」，除了駐駕國道警隊之外，二〇一七年也受邀到宜蘭蘇澳為新東方客輪的下水典禮賜福。此外，二〇一八年五月，經老大媽應筊，廣福宮恭請數十年沒有出宮的聖六媽，穿上「昭和八年（一九三三）」的百年神衣，與六位爐下弟子一起完成單日攀登玉山主峰的壯舉。

35 雲林

# 土庫順天宮

**現址**
雲林縣土庫鎮中正路一〇九號

**特色**
全台少數供奉日本觀音神像的媽祖廟。

距今三百多年前，福建泉州的林、郭兩姓跨海來台定居，自成部落，名為「黃吉崙庄」，即是現今的雲林土庫。此處舊時是鹿港與北港之間的要道，沿路兩旁高聳、中間低窪，每逢雨季遍地泥濘，放晴後又是塵土漫飛，把行人的衣褲弄髒，因此稱作「塗褲庄」。後來這裡盛產麻油、豆油，當地建有許多土製穀倉，地名便從「塗褲」變音為「土庫」。

當時的漢人移民在土庫，以稻草攪泥曬乾後製磚搭建土埆厝小廟，奉祀媽祖，人稱「塗褲媽」；隨後歷經多次翻修重建，而有了順天宮今日的樣貌。塗褲媽靈籤卦卜預測禍福吉凶，屢驗不爽，為人所樂道。因此有句諺語：「北港

聖，不值土庫定。」又說：「塗褲媽祖蔭外鄉。」聞風前來朝拜的香客絡繹不絕，更有日本信徒來此分靈，尤屬盛事。

順天宮也是全台少數奉祀日本觀音神像的媽祖廟。日治時期皇民化政策，順天宮因配合「古義真言宗台灣開教計畫案」，聲請加盟「常樂院土庫分院」，從日本迎請觀音神像在正殿奉祀，媽祖與諸神像則退隱後殿，才免於被拆除的命運。直到二戰結束後，媽祖回歸正殿。

過往塗褲媽農曆十一月出巡，路線僅在土庫周圍，二〇一〇年順天宮擴大遶境範圍，最遠到西螺吳厝。二〇一〇年為了首度北巡，廟方重啟金庫裡塵封百年的「鎮廟寶爐」，進行過火儀式。

36 嘉義

# 朴子配天宮

**現址**
嘉義縣朴子市開元路一一八號

**特色**
請不動的媽祖。

配天宮原名樸樹宮，相傳，清康熙年間，布袋鎮貴舍里半月庄先民林馬篤信媽祖，因往來台海兩岸販售福圓，經常赴湄洲天后宮膜拜祖姑婆（林姓宗親稱媽祖為祖姑婆）。某回夜宿廟中，獲媽祖託夢諭示他攜鼻頭有一顆痣的分身神像返台。林馬醒來，發現蒼蠅恰好停在某尊神像鼻上，隨即迎請返鄉。途至牛稠溪南畔，天色漸暗，便在樸樹下過夜。當林馬準備啟程時，媽祖神像卻重得無法移動，擲筊請示，得知媽祖欲「永鎮守此地」，眾人於是在樸樹下建廟，以供崇祀。

後來信徒再獲敕諭，廟中的樸樹（媽祖休息處）有千年樹齡，已得媽祖顯化，貫通靈氣，宜雕刻成金身，供信徒祭拜，也就是現今的鎮殿媽，又稱「樸樹媽」。因為樸樹根盤結於地下，成為配天宮的奇觀，樸樹媽也成為世界罕見的「活媽祖」，被譽為「請不動的媽祖」。媽祖廟奠基在樸樹下，隨著信徒聚居而形成街區，稱作「樸仔腳街」（即今開元路）。日治時期將「樸仔腳」更名「朴子」。因此，朴子的發展基礎始於配天宮。

配天宮後亭有一株四季蘭，是一九二〇年赴福建湄洲

進香攜回。相傳，人若有病痛，以身抱樹即可沾神氣求得平安，常見樹前經常大排長龍，神樹和諸神齊享香火與盛名。二〇一三年配天宮遭火劫，歷時四年修復完成，樸樹媽重新開放參拜。然而，神樹病危，經樹木專家判定枯死，擲筊請示移植相似的新樹，繼續傳承。

此外，配天宮媽祖出巡時，往往有劍童揹著牡丹雙劍與龍虎擔同行，其任務是要淨空道路。信徒認為若小孩比較貴氣（指難帶）或著驚，都可以透過蹧龍虎擔來保平安。龍虎擔的民俗活動也是全台僅見。

## 龍虎擔

民間傳說，橫渡黑水溝時蛟龍作亂，造成船難，開墾山區遭猛獸攻擊而發生危險，因此，媽祖收服蛟龍與猛虎，在座下修行，並交給千里眼和順風耳兩位將軍派遣。當媽祖出巡時，途中若遇到動物死亡變成的精怪，就由蛟龍與猛虎處理，以防精怪搗亂，比較厲害的精怪則由劍童出面，要是劍童也無法對付，千里眼和順風耳兩位將軍才會插手。劍童揹著龍虎擔的故事由此而來，雖是勸人向善去惡，卻從中看見媽祖的慈悲，願意給予眾生重新開始的機會。

37 嘉義

# 魍港太聖宮

**現址**
嘉義縣布袋鎮好美里一三二號

**特色**
全台首尊明朝媽祖。

魍港位於布袋鎮西南隅，從荷蘭據台時的地名音譯為「魍港」，後來將「魍」改為「蚊」，蚊港在明末清初是貿易發達的港口，庄內人丁繁盛，隨著地勢變遷和聚居型態改變而更名「虎尾寮」，光復後定名為「好美里」。魍港太聖宮前殿主祀王爺、後殿奉祀媽祖，卻因魍港媽經鑑定證實是明朝的雕刻神像而聲名大噪。

根據史料，魍港媽是明朝天啟年間，顏思齊、鄭芝龍率眾從事航運和開墾時所迎請，媽祖信仰就此在布袋沿海生根；後來荷蘭人在港岸築「青峰闕」砲台，扼守海疆，古廟遭颱風損毀，士兵便將神像迎入青峰闕奉祀，當時居民對

官方建築通稱為「衙門」，因此，魍港媽又稱「衙門媽」。

魍港媽的臉形和身體較長，座椅較小，形制為頭戴高頂冠冕，與平頂九旒冠的清代神像不同，而且身著大寬袖衣衫、霞帔、雲肩、蔽膝、下裳、腰繫革帶，具有明代后妃的服飾特色。學者因此推測魍港媽為明代古物，歷經二十多年的奔走與科學檢測，分析其材質、髹漆、礦彩、裱紙等技藝，證實其年代，成為目前台灣最古老的媽祖神像。

對信徒來說，更津津樂道的是魍港媽「割肉治病」。遠在醫藥不發達的年代，信徒凡有疑難雜症藥石罔效時，祈求魍港媽開藥方，乩童在神像底部剔下一片木屑（通常是當作藥引），病人服食即可痊癒，教人嘖嘖稱奇。而基座的窟窿就成了魍港媽的特殊標記，也象徵無數的靈驗故事。

# 38嘉義
# 新港奉天宮

**現址** 嘉義縣新港鄉新民路五三號

**特色** 在桌上供奉虎爺的媽祖廟。

湄洲天后宮五媽隨船渡海來台（稱「船仔媽」），途經笨港，諭示永駐此地。一七〇〇年，諸羅縣居民在外九庄笨港街合建廟宇，名為「笨港天后宮」。因為湄洲五媽護佑先民開墾笨港，也稱之為「開台媽祖」。至一七九九年，溪水氾濫，笨港市街被分為南北兩區，天后宮遭沖毀，廟內神像與文物因此移到麻園寮（後稱新南港，即今新港）的肇慶堂內安奉。當時住持景瑞發起建廟，經福建水師提督王得祿捐俸與十八庄紳商居民集資，於一八一二年新廟落成。

關於廟名，另有一段傳說，當時嘉慶君遊台灣，王得祿與他結識於笨港天后宮前，兩人成為金蘭之交，因此飛黃騰達。新廟落成時，王得祿請旨，獲嘉慶君敕封賜名「奉天宮」。

宮內奉祀乾隆年間以漂流樟木所刻成的大媽、二媽、三媽神像。然而，溪水阻隔了笨南港和笨北港的信徒，朝拜相當不便。經王得祿協議後，將大媽留在奉天宮，二媽分祀北港朝天宮，三媽暫供於提督公館「奉

茶」，直至新港六興宮建成後移駕。

日治時期，南台灣歷經兩度強震，奉天宮受到波及，僅剩神房與觀音殿。從民間流傳的閩南語唱唸即可想像當時狀況：「三月廿三大地動，攏總壓死數百人，街民相招欲散港，宮尾大人擋嘸通。」震災後，奉天宮向全台灣募款，至一九一七年整修完成，前後費時十年。

隨著年深月久，奉天宮歷經多次重修，現況維持閩南建築形式，且保留新港剪黏交趾陶的特色。正殿神龕內最大尊的鎮殿媽，全身泥塑，高達兩百多公分；其他的四街祖媽、二媽、三媽、五媽、米舖媽，都是有轎班會的會媽。

值得一提的，奉天宮右側有虎爺殿，是少數在神桌上供祀虎爺的媽祖廟。台灣民間流傳：「北港媽祖，麻園寮老虎。」即是將新港虎爺與北港媽祖的神威齊名並提。每年農曆六月六日虎爺誕辰之前，所有分靈的虎爺都會回宮團拜，並以生雞蛋和肉類牲禮祭拜。

# 虎爺

虎爺，俗稱虎爺公、虎爺將軍、虎將軍，喜歡食用生雞蛋和肉類。

在民間信仰中，虎爺會驅逐邪魔精怪，也會咬錢納財，因此神龕旁常有小碗盛水置錢，俗稱「錢水」，具有招財神效，又稱「福爺」。

俗話說：「虎能食豬。」早期，民間相信虎爺能治療俗稱「豬頭皮」的腮腺炎，因此具有醫療能力。此外，多數廟宇是將虎爺供奉在神桌下，這是孩童容易接近的高度，因此虎爺也是孩童的守護神，有此一說：「囝仔歹育飼，抱去拜虎爺就無代誌。」有些地方甚至有信眾拜虎爺為「契子」的習俗。

39嘉義

# 新港溪北六興宮

現址
嘉義縣新港鄉溪北村六五號

溪北（舊名牛稠溪）位於古笨港外九庄轄內，一七九九年，氾濫的溪水將笨港市街南北分隔，當地紳商捐資將漂流的樟木分刻為三尊媽祖神像，然而笨港天后宮已遭受沖毀，以致三尊媽祖分祀於新港奉天宮、北港朝天宮、溪北六興宮，成為三廟鼎立。

六興宮是清朝台籍官階最高的王得祿提督所創建，大正三年（一九一四）嘉義大地震後，廟方特聘漳州派名師陳應彬重新修繕。「六興」意含祈願溪北、月眉、月潭、安和、後厝、六斗等六庄皆能興盛。據嘉義縣文化局資料，當年六興宮與朝天宮相爭三媽鎮廟，最後王得祿出面協調，船仔媽和大媽留祀奉天宮，二媽前往朝天宮，三媽則由他本人請回「奉茶」。因所奉祀主神系出湄洲祖廟正統三媽，六興宮全名為「溪北六興宮笨港開台正三媽廟」。

一九八九年，台視以六興宮正三媽的靈驗故事，拍攝製作劇集《媽祖外傳》，收視率稱冠，再拍續集《三媽再生》和《媽祖後傳》，笨港「黑面三媽」因而家喻戶曉，轟動一時。

40台南

# 大天后宮（全台祀典大天后宮）

**現址** 台南市中西區永福路二段二二七巷一八號

**特色** 全台第一座官建與祀典的媽祖廟。

大天后宮，俗稱「台南大媽祖廟」，原是明朝寧靖王朱術桂的府邸。

一六八三年，施琅攻下台灣時，對於民眾虔誠信仰媽祖的印象深刻，便奏請清廷將媽祖從天妃晉封天后，並將寧靖王府改建為媽祖廟，以攏絡民心。因此，大天后宮是台灣最早官建媽祖廟，也是世界首座以「天后宮」為名的廟宇；至一七二〇年，更列入官方的春秋祭典，各地廟宇競相分香，香客慕名前往，奠定其重要地位。

數百年的戰亂、火災與震災，迫使大天后宮飽受摧殘與重修，總算保留住

建築外觀與內部古物，見證歷史與文化的意義。廟內除了有清朝歷代皇帝御筆親題的匾額，更有高達一丈二尺的鎮殿大媽祖，是泥塑神像的代表作。二〇〇四年大媽祖崩裂事件曾經驚動全台，當時廟方發現神像從胸部裂開，斷落地面，經調查判定是內部木材支柱腐朽造成，所幸面龐稍有損毀，頭部結構仍完整。兩年後，在學者專家的合作下完成修護，並為新大媽祖像舉行重新開光的安座典禮。修復後的大媽祖則從黑面改成金面。

另外一提，大天后宮後殿的月老祠，與祀典武廟、大觀音亭、重慶寺合稱「府城四大月老」，是其中年代最悠久者，終年都有單身男女來此求得姻緣，香火鼎盛，也成就許多佳話。

# 月老

月老，又稱月下老人，是民間信仰中掌管姻緣的神祇，全台各地有越來越多的廟宇副祀月老，許多頗為靈驗。通常是擲筊請示月老，求得緣粉與紅線。緣粉和閩南語的「緣分」諧音，指胭脂水粉，塗抹少許在眉毛周圍（面相中的夫妻宮）即可；而紅線則放入衣服內或口袋裡，以便月老牽紅線。

# 41台南 開基天后宮（小媽祖廟）

現址 台南市北區自強街一二號

特色 台南府城最早興建的媽祖廟。

開基天后宮俗稱「小媽祖廟」，是對應「大媽祖廟」大天后宮而言。儘管建廟年代有所爭議，一般將開基天后宮的廟史追溯至明朝，鄭成功攻下普羅民遮城（赤崁樓舊名），選在德慶溪注入台江內海的水仔尾建廟，供奉隨艦隊來台的「船仔媽」，當時稱作「水仔尾媽祖廟」。

施琅率清軍攻台之後，奏請康熙皇帝晉封媽祖為天后，當地居民普遍認定水仔尾媽祖廟為府城台南最早，因此奏請清廷敕賜晉升為「開基天后祖廟」。至今乾隆皇帝的聖旨牌仍安置在門額上。

開基天后宮的建築與文物，隨著年代久遠而受摧殘，清康熙以降歷經數度修繕，仍不敵第二次世界大戰時美軍的空襲，嚴重毀損。而今樣貌主要來自於二〇〇三年的重修，以及二〇一三年門神彩繪的修復。

在媽祖信仰中，年代越久遠、與原鄉祖廟分靈關係越接近的神像，具有越強大的靈力。開基天后宮的船仔媽高約一尺，背身刻有「崇禎庚辰年」的字樣，相當於一六四〇年，是台灣罕見的古神像。因為極為貴重，每年媽祖生時，才會請出供信眾朝拜；而神龕內則是萬曆年間刻製的軟身神像司職鎮殿媽，並由另一尊軟身二媽負責出巡遶境。

此外，後殿有尊乾隆年間台灣知府蔣元樞捐贈的觀音神像，因其造型彷彿傾聽信徒祈求的側臉姿勢，與常見的端坐形象不同，因而名為「傾聽觀音」，與另外分別在祀典武廟與大天后宮的兩尊觀音，合稱「府城三大觀音」。

# 媽祖廟觀音殿

觀察媽祖廟中的神明配置，常可發現許多規模較大的媽祖廟會有觀音殿的存在，中小型的媽祖廟，也很容易看到副祀觀音的情況。觀音（觀世音）是佛教中的菩薩，每當眾生遇難時，總能及時觀其音聲，循音救渡。由於民間傳說媽祖是觀音化身，明確點出的文本是黃仲元〈聖墩順濟祖廟新建蕃釐殿記〉，媽祖與觀音的關係特別緊密，媽祖廟觀音殿也反映了搭配（pairing）現象。媽祖與觀音可說是最親近的搭配，兩者都是女性神，也都與海有密切關聯；媽祖被視為保佑海上航行的海神，觀音雖不被視為海神，但祂是南海觀音大士，倒駕慈航，慈航普渡。兩者的親近性並表現在，媽祖肉體的生命和靈性的性命似乎都是觀音所賜，兩人形同母女。大廟中，高雄楠梓天后宮、鹿耳門天后宮、西螺福興宮、北港朝天宮、新港奉天宮、朴子配天宮、彰化南瑤宮、大甲鎮瀾宮、新莊慈祐宮、松山慈祐宮、北投關渡宮、宜蘭昭應宮、花蓮港天宮等，全台約十三間媽祖廟有觀音殿的設置。

## 42台南
# 鹿耳門天后宮

**現址**
台南市安南區媽祖宮一街一三六號

**特色**
千年萱芝雕塑的開基媽。

鹿耳門曾是台江內海的軍事與經貿大港，也是鄭成功一六六一年登陸台灣、擊退荷蘭人的第一現場，儼然「台灣之門」，在歷史上具有舉足輕重的意義。

綜合文獻所記，鄭成功在登陸地北汕尾嶼建「媽祖宮」，至清康熙五十八年（一七一九）官紳捐資擴建為「天后宮」，香火鼎盛。然而，同治十年（一八七一）洪水氾濫，沖毀天后宮，當時廟祝入廟搶救開基媽，每年輪祀於民家，直到一九四六年當地庄民決議聚資重建，歷經三十年的不斷復建與修繕，始成當前的巍峨規模。

當地耆老常說：「鹿耳門寄普，海安宮寄佛。」就是指天后宮古廟毀於洪水後，中元普渡改由水仙宮代為舉行，而府城三郊三益堂迎走神像後，則寄祀於海安宮。

鹿耳門開基媽高一尺三寸，是以中國千年稀產的萱芝木（紫檀）所雕塑，材質堅韌，至今未腐。從雕刻與裝飾來看，神像身上的等肩冠、帽翅、雲肩、刻金線龍袍、右衽、龍頭寶座、朱砂入漆、天妃法髻等細節，皆為明代官方形制，富貴稀世，在台灣堪稱獨一無二。鎮殿媽自一九七七年重新安座以來，也有四十年歷史，日日香火煙熏，面色從粉紅轉墨金，依然唇紅如新，信徒認定這是「神澤」現象。

除媽祖神象之外，鹿耳門天后宮還陳列著古廟址出土的「重興天后宮碑記」、「新建鹿耳門公館碑記」與各項古物，證實了鹿耳門既是信仰重鎮，也是海上交通要道。就像高拱乾《台灣府志》所稱：「鹿耳門，台灣咽喉也。」

一九八四年，鹿耳門天后宮曾舉辦台灣首次「甲子年護國祈安羅天大醮」，遵循古禮，為期四十九天，龐大藝陣與數萬信徒一同護送「媽祖船」進入台灣海峽，回顧鄭成功登陸鹿耳門南岸北汕尾島的路線，追憶延平郡王復台的偉業。

## 媽祖船

鹿耳門天后宮於一九八四年為媽祖建造專屬的法船，以供媽祖往來人間與天庭。或許因為媽祖是海上女神，與船的意象相連。媽祖船長三丈、淨重三公噸，形制與王船相近，但內部有「聖母廳」、「梳妝樓」等設置，且船身與船上配置的水手皆為木製材質。

至一九九一年，鹿耳門天后宮舉辦迎媽祖船尋根盛典，請開基媽登船，航行至鹿耳門溪口，遵循古禮準備禮樂與香案，在出海口設祭壇遙祭湄洲祖廟，參與信徒超過十萬人次，奠定鹿耳門媽的信仰特色，成為台灣新廟會文化活動。

43高雄

# 旗山天后宮

**現址**
高雄市旗山區永福街二三巷一六號

**特色**
每逢鼠、龍、猴年四年一度大巡境。

旗山天后宮是高雄市旗山區僅存的清代廟宇，被視為「鎮寶」。

相傳先民來台拓荒時，從湄洲祖廟求得分尊，供奉於蕃薯寮（旗山舊名）的福德祠旁，當地居民參拜神蹟靈驗。一八〇五年台灣知縣薛志亮率先捐款籌建，歷經十二年，在官紳與商家的響應下，一八一六年動工，八年後落成，廟內立有「興建天后宮碑誌」，成為旗山街區的發展樞紐與共同信仰。擁有近兩百年歷史的旗山天后宮，雖然經過幾回階段性修護，但一直保留福佬廟屋傳統風貌，就一九四六年間拍攝的重修紀念照來看，當年已是三開間雙護龍的格局。

目前廟況則在二〇一一年整建完成，正殿主祀媽祖，有鎮殿媽、湄洲媽、

天后宮

大媽、二媽、三媽，其中鎮殿媽是高五尺八寸的軟身神像，湄洲媽則是百年前鹿港人遷居旗山時所迎來。除了每年媽祖生的例行廟會之外，從建廟之初，固定在生肖鼠、龍、猴年擴大舉辦四年一度大巡境。按照傳統，全旗山宮廟皆參與巡境，旗山城隍廟的城隍更提前一天出巡，替媽祖開路，甚至北港朝天宮、台南大天后宮、旗津天后宮和高雄大義宮也前來贊境。

昔日旗山集樂平劇研究社，分別借用天后宮東西廂，排練南北管，並於每月農曆初一、十五輪流在天井演奏，是庄民極重要的娛樂與文教活動。直到一九七〇年代研究社搬離天后宮為止，持續了將近二十年。近年，每逢農曆春節，廟方會在前埕廣場舉行各種活動，例如：過七星平安橋、媽祖鑾駕「躦轎腳」、「青年創業金擲筊比賽」等，將媽祖信仰的力量，融入日常生活。

44高雄

# 燕巢角宿天后宮

**現址**
高雄市燕巢區角宿路六之一號

**特色**
與彌陀彌壽宮及鳳山雙慈亭，並列前高雄縣境內三大角頭廟。

此媽祖廟所在之高雄燕巢的角宿村，地名來源乃明鄭時期為「角宿營鎮」駐守之地，故名，沿用至今。角宿天后宮舊稱為「龍角寺」，俗稱「角宿廟」。根據《鳳山縣采訪冊》記載，角宿天后宮建於乾隆三十八年（一七七三），由貢生柯步生始建於現址。其開基之金面媽祖為先民從唐山奉請來台，當地後人稱其為「姑婆祖」；又因位於二層行溪以南，清代舊稱「南路」，又稱「南路媽」，分香子廟不少，信仰範圍極廣，是台灣南部很重要的媽祖廟。

天后宮

# 45高雄
# 旗津天后宮

**現址** 高雄市旗津區廟前路九三號

**特色** 高雄「第一媽祖廟」。

旗津天后宮，原名旗後天后宮，初創於一六七三年，有高雄「第一媽祖廟」和「廟祖」之稱。

相傳，當年福建漁民在海上遇到颱風，船筏隨波漂流而擱淺於旗後，發現這裡依山傍海，便返鄉攜眷邀伴定居，並隨身迎奉家鄉的媽祖神像，以草寮供奉，即旗津天后宮的前身。猶如大殿兩側「天惠遍施工賈利，后恩廣被顧漁亨」對聯，居民日漸稠密，以媽祖廟為中心，發展旗後地區的繁榮。一六九一年，信徒聚資鳩工建造一座較正式的廟宇。

旗津天后宮保存有「勒封順天聖母」石匾，以及清光緒年間的鑄鐘、「旗

峰煥彩浮光照，鼓嶼來潮汐信通」木楹聯，右護室內供有王爺船，盡顯濱海廟宇的特色，見證早期打狗（高雄舊名）的開拓史。

就建築而言，旗津天后宮是具有三川殿、正殿、拜亭、龍井、虎井、過水、廂房等的完整格局；其裝飾藝術包括蝦兵、蟹將、烏龜、貝類以及「八仙過海」的剪黏，充分呈現出與內陸廟宇的不同特色。

儘管旗後天后宮在一九二六年曾經大修，相隔七十多年，建築本體出現多處損壞，因此，高雄市政府、文化局及文化部與所有權人協力促成整修計畫，預計二〇二〇年完成剪黏、泥塑、大木構架、彩繪、灰作與廟埕空間的修復，再現傳統廟宇風華。

46高雄

# 楠梓天后宮

**現址**
高雄市楠梓區楠梓路一號

**特色**
南路媽與北路媽、臨城媽互為姐妹神。

楠梓，舊名「湳仔坑」（文獻亦作「南馬坑」），閩南語為「地勢低窪」之意，後來地名改用「楠」字，因此也有溪岸遍植楠木（枏木）的說法。自明鄭時期，此處開始有福建漳、泉州移民，至清代早期漸成聚落，因為位於鳳山、旗山、岡山的交會點，而成為貨運集散地，有「三山歸一坑，前街透後巷」的盛況。

楠梓天后宮前身名為「楠和宮」，是守護湳仔坑聚落的廟宇。根據記載，經過數度修復，於一九九二年正名為「楠梓天后宮」。相傳，湳仔坑大媽與台南大天后宮、北港朝天宮的媽祖是同一位匠師使用同一塊香木雕刻而成，信徒因此稱三尊神像為「姐妹神」，楠梓天后宮是「南路媽」、北港朝天宮為「北路媽」、大天后宮為「臨城媽」。

楠梓天后宮有一則傳說：一九二〇年前後，南路媽前往台南大天后宮會香，途經二重溪時，收服肆虐的「雄雞精」，為民除害。往後再度行經二重溪一帶時，居民沿途放鞭炮、備香案、出動陣頭迎駕，答謝南路媽的恩情。至今，當地清王宮每年農曆九月三府千歲生，都會設香案向楠梓天后宮方向遙祭，形成高雄與台南地區之間的連結。

# 媽祖鞋

高雄楠梓有位製作「媽祖鞋」三十年的莊招治，人稱「小鞋阿嬤」。在她六十三歲時，有一對年輕夫婦突然來訪，表示鳳山雙慈亭指示他們前來，請她做「細雙鞋仔」（小鞋），要掛在孩子胸前保平安。自幼篤信楠梓媽祖的她，認為這是媽祖旨意，從此開始在家親手製作五公分的媽祖鞋，直至二〇一五年高齡辭世。二〇一〇年，莊招治特製兩百雙媽祖鞋義賣，將所得全部捐給楠梓天后宮整修屋頂，成為地方佳話。

在台灣民間信仰中，有用香火袋護身避邪的習俗，因緣際會，受到高雄鳳山雙慈亭與楠梓天后宮兩間媽祖廟的影響，衍生出媽祖鞋保平安的新民俗意義，因此有人送媽祖鞋還願，也有人將媽祖鞋過爐後再掛在小孩胸前或吊在車內，以保平安。至於福建地區，則有「偷媽祖鞋」的習俗，是已婚未育的婦女到媽祖廟偷神像一只鞋，祈求早日懷孕。

47 屏東

# 內埔六堆天后宮

**現址**
屏東縣內埔鄉內田村廣濟路一六四號

**特色**
六堆客家聚落最古老的媽祖廟。

清朝康熙年間，台灣陷入鴨母王朱一貴事件，高雄、屏東的客家聚落於內埔媽祖廟商議，成立「六隊（堆）鄉團」，計有：中堆（竹田）、先鋒隊（萬巒）、後堆（內埔）、前堆（麟洛、長治）、左堆（佳冬、新埤）、右堆（美濃、高樹），共同抵禦外侮，保衛家鄉，最後獲清廷敕建「忠義亭」，而「六堆」就成為高屏客家村的總稱。

此事件中的「媽祖廟」即六堆天后宮，是清朝昭武都尉鍾麟江至湄洲祖廟分靈，於嘉慶八年（一八〇三）所創建，為內埔地區歷史最悠久的古蹟。日治時期的皇民化運動，毀壞媽祖神像改祀大麻日神，直至日本戰敗、台灣光復後，

天后宮重建，卻已散失廟中大量古物，甚為可惜。

儘管如此，六堆天后宮創建至今歷經三度整修，保留台灣少見的潮州與漳州混合風格。此外，正殿懸掛的「恩庇水陸」（嘉慶年）、「慈航普渡」（咸豐年）、「寰瀛覆冒」（同治年）等古匾，以及「奉憲封禁古令埔」、「建造天后宮碑記」、「文宣王祀典引」等石碑，訴說著悠悠歷史，是六堆發展的具體史料，經公告為國家古蹟。

二〇一八年六月，屏東美和科大串連三座百年古廟，邀請六堆天后宮的媽祖與東港東隆宮的溫王爺、內埔昌黎祠的韓文公，首度會香，在校園內為超過兩千名的學子進行「開智慧」儀式，連結民俗祭典與學術研討，成就了宗教與文教交流的新機緣。

附錄

# 台灣各港口媽祖廟

媽祖信仰盛行於海洋國度，台灣的主要港口無論是海渡或河港，都有媽祖廟，一則護佑商船、漁船平安入港，一則護佑港市街區居民。因為港口往往形成街市，其媽祖廟除了街區居民奉祀之外，鄰近的鄉庄也會參與，甚至有機會發展區域性的祭典組織（regional cult）。

民間常以廟宇所在地來稱呼媽祖，發揚於濱海港口、面向海洋保護舟船，稱為「港口媽」，若往平原、內山則稱「內山媽」。

台灣的港口媽，自北而南，有：基隆媽、關渡（干豆）媽、中港媽、大甲媽、梧棲大庄媽、大肚頂街媽、鹿港媽、笨港媽、北港媽、新港媽、鹿耳門媽、魍港媽、西港媽等。其中發展成為區域性的祭典組織者，有基隆慶安宮、苗栗中港慈裕宮、台中大甲鎮瀾宮、台中梧棲大庄浩天宮、台中大肚頂街萬興宮、台南西港慶安宮、台南土城聖母廟。

以下是位於台灣各港口的媽祖廟：

| 港口或河畔 | 廟名 | 創建年代 | 現址 |
|---|---|---|---|
| 卑南港 | 鎮東宮 | 一九六一 | 台東縣卑南鄉初鹿村梅園路三號 |
| 蘇澳港 | 南方澳進安宮 | 一八二〇 | 宜蘭縣蘇澳鎮江夏路八一號 |
| 烏石港 | 慶元宮 | 一七九六 | 宜蘭縣頭城鎮和平街一〇五號 |
| 雞籠港（基隆） | 慶安宮 | 一八一五 | 基隆市忠二路一號 |
| 暖暖（港口） | 安德宮 | 一八〇一 | 基隆市暖暖區暖暖街六三號 |
| 金包里港 | 慈護宮 | 一八〇九 | 新北市金山區金包里街一〇號 |
| 滬尾港（淡水） | 福佑宮 | 一七九六 | 新北市淡水區中正路二〇〇號 |
| 水返腳（汐止） | 濟德宮 | 一七九六 | 新北市汐止區中正路二三九號 |
| 錫口（松山） | 慈祐宮 | 一七五三 | 台北市松山區八德路四段七六一號 |
| 大稻埕 | 慈聖宮 | 一八六六 | 台北市大同區保安街四九巷一七號 |
| 艋舺（萬華） | 啟天宮 | 一八四一 | 台北市萬華區廣州街二一五三巷二七號 |

| 港口或河畔 | 廟名 | 創建年代 | 現址 |
|---|---|---|---|
| 枋橋（板橋） | 慈惠宮 | 一八七四 | 新北市板橋區府中路八一號 |
| 新庄港（新莊） | 慈祐宮 | 一六八六 | 新北市新莊區新莊路二一八號 |
| 竹塹港（新竹） | 長和宮 | 一七四二 | 新竹市北門街一三五號 |
| 香山港 | 天后宮 | 一六六一 | 新竹市中華路五段四二〇巷一九一號 |
| 後龍港 | 慈雲宮 | 一七七一 | 苗栗縣後龍鎮三民路一二〇號 |
| 中港 | 慈裕宮 | 一八一六 | 苗栗縣竹南鎮民生路七號 |
| 吞宵港（通宵） | 慈惠宮 | 一八三七 | 苗栗縣通霄鎮信義路一一九號 |
| 苑裡港 | 慈和宮 | 一七一六 | 苗栗縣苑裡鎮中山路三〇五號 |
| 房裡港 | 順天宮 | 一七二四 | 苗栗縣苑裡鎮房裡里一鄰二六號 |
| 大甲港 | 鎮瀾宮 | 一七三二 | 台中市大甲區順天路一五八號 |
| 梧棲港 | 浩天宮 | 一七三六 | 台中市梧棲區中央路一段七八四號 |
| 鹿港 | 天后宮 | 一六四七 | 彰化縣鹿港鎮中山路四三〇號 |
| 王功港 | 福海宮 | 一八一二 | 彰化縣芳苑鄉民生村芳漢路王功段二一號 |

| 港口或河畔 | 廟名 | 創建年代 | 現址 |
| --- | --- | --- | --- |
| 番挖港（芳苑） | 普天宮 | 一六九七 | 彰化縣芳苑鄉芳漢路芳二段一六一巷一〇〇號 |
| 二林港 | 仁和宮 | 一七二一 | 彰化縣二林鎮西平里中正路五八號 |
| 海豐港 | 拱範宮 | 一六八五 | 雲林縣麥寮鄉中正路三號 |
| 東石港 | 港口宮 | 一六八四 | 嘉義縣東石鄉港口村五號 |
| 樸仔腳港 | 配天宮 | 一六八四 | 嘉義縣朴子市開元路一一八號 |
| 魍港 | 太聖宮 | 一六四四 | 嘉義縣布袋鎮好美里一三二號 |
| 新港 | 奉天宮 | 一七〇〇 | 嘉義縣新港鄉新民路五三號 |
| 月津港（鹽水） | 月港護庇宮 | 一六二三 | 台南市鹽水區水正里中正路一四〇號 |
| 鐵線橋港 | 通濟宮 | 一八〇九 | 台南市新營區鐵線里鐵線橋四〇號 |
| 茅港尾港 | 天后宮 | 一六七七 | 台南市下營區茅港里一六三號 |
| 西港 | 慶安宮 | 一七一二 | 台南市西港區慶安路三二號 |
| 目加溜灣 | 慈安宮 | 一八一七 | 台南市安定區港南村一六一號 |

| 港口或河畔 | 廟名 | 創建年代 | 現址 |
| --- | --- | --- | --- |
| 鹿耳門 | 天后宮 | 一七一九 | 台南市安南區媽祖宮一街一三六號 |
| 安平港 | 開台天后宮 | 一六六九 | 台南市安平區國勝路三三號 |
| 興達港 | 賜福宮 | 一七五八 | 高雄市茄萣區嘉泰里茄萣路二段五七號 |
| 彌陀港 | 彌壽宮 | 一八五七 | 高雄市彌陀區彌壽里中正西路一一號 |
| 打狗港（高雄） | 旗津天后宮 | 一六七三 | 高雄市旗津區廟前路九三號 |
| 萬丹港 | 萬惠宮 | 一七五六 | 屏東縣萬生村萬新路一六六〇號 |
| 東港 | 朝隆宮 | 一七二四 | 屏東縣東港鎮朝安里延平路一〇八號 |
| 阿里港（里港） | 雙慈宮 | 一七四一 | 屏東縣里港鄉大平村大平路五〇號 |
| 枋寮港 | 德興宮 | 一八三〇 | 屏東縣枋寮鄉德興路一一二號 |
| 琅嶠港（恆春） | 天后宮 | 一八七七 | 屏東縣恆春鎮城西里福德路一二六號 |
| 馬公港 | 天后宮 | 一六〇四 | 澎湖縣馬公市正義街一號 |
| 馬祖澳（馬港） | 天后宮 | 不可考 | 連江縣南竿鄉馬祖村四之一號 |

# 參考資料


．〔清〕趙翼：《陔餘叢考》（台北：新文豐，一九七五年）
．吳漢恩、楊宗祐：《圖解台灣迎媽祖》（台中：晨星出版，二〇一四年三月）
．林美容：《媽祖信仰與台灣社會》（新北：博揚文化，二〇〇六年三月初版）
．林美容：《彰化媽祖信仰圈內的曲館》（南投：台灣省文獻委員會，一九九七年五月）
．林美容：《再現台灣：媽祖信仰》（台中：莎士比亞文化，二〇〇六年四月）
．林美容：〈與彰化媽祖有關的傳說、故事與諺語〉，收錄於莊英章主編《民族學研究所資料彙編第二期》頁一〇七－一一二（台北：中央研究院民族學研究所，一九九〇）
．林美容：〈從民間造經傳統的神明經書來分析神聖性的塑造〉，收錄於盧蕙馨、陳德光、林長寬主編《宗教神聖：現象與詮釋》頁二一一－四九（台北：五南出版公司，二〇〇三）
．林美容、張珣、蔡相煇主編：《媽祖信仰的發展與變遷》（雲林：財團法人北港朝天宮，二〇〇三年三月）

．張珣：〈從媽祖的救難敘述看媽祖信仰的變遷〉，收錄於林美容、張珣、蔡相煇主編：《媽祖信仰的發展與變遷》（雲林：財團法人北港朝天宮，二〇〇三年三月）

．張珣：〈香客的時間經驗與超越〉，收錄於黃應貴主編《時間、歷史與記憶》（台北：中央研究院民族學研究所，一九九九年）

．黃美英：《台灣媽祖的香火與儀式》（台北：自立晚報，一九九四年）

．王俊凱：〈雲林縣口湖鄉台子村甲申年迎客王祭典紀實〉，刊於《台灣文獻》

．李獻璋：〈媽祖信仰的研究〉，刊於《大陸雜誌》

．周世耀：〈海上女神媽祖與媽祖祭拜〉，刊於《國文天地》

國家圖書館出版品預行編目 (CIP) 資料

媽祖婆靈聖 : 從傳說、名詞與重要媽祖廟
認識台灣第一女神 / 林美容著 .
-- 初版 . -- 台北市 : 前衛 , 2020.04
面 ; 15x21 公分
ISBN 978-957-801-910-2( 平裝 )

1. 媽祖 2. 民間信仰 3.

272.71　　　　109003086

# 媽祖婆靈聖

## ——從傳說、名詞與重要媽祖廟認識台灣第一女神

作　　者　林美容
主　　編　楊佩穎
協力編輯　吳佩霜
美術設計　王藝君
插　　畫　羅甯（第四章）
照片提供　陳俊宏

出 版 者　前衛出版社
一〇四 - 〇五六 台北市中山區農安街一五三號四樓之三
電話：02-25865708　傳真：02-25863758
郵撥帳號：05625551
購書 ・ 業務信箱：a4791@ms15.hinet.net
投稿 ・ 代理信箱：avanguardbook@gmail.com
官方網站：http://www.avanguard.com.tw
出版總監　林文欽
法律顧問　南國春秋法律事務所
總 經 銷　紅螞蟻圖書有限公司
一一四九四 台北市內湖區舊宗路二段一二一巷十九號
電話：02-27953656　傳真：02-27954100

出版日期　二〇二〇年四月初版一刷
二〇二一年五月初版二刷

定　　價　新台幣四〇〇元


Printed in Taiwan ISBN978-957-801-910-2